NEW

초급
스페인어 문법

NEW 초급 스페인어 문법

초판 1쇄 발행 2022년 7월 29일

지은이 BONA(박선애), 시원스쿨스페인어연구소
펴낸곳 (주)에스제이더블유인터내셔널
펴낸이 양홍걸 이시원

홈페이지 www.siwonschool.com
주소 서울시 영등포구 국회대로74길 12 남중빌딩 시원스쿨
교재 구입 문의 02)2014-8151
고객센터 02)6409-0878

ISBN 979-11-6150-620-3
Number 1-510204-17170900-04

NEW
초급
스페인어 문법

초급 학습자를 위한 기초 스페인어 문법서

BONA · 시원스쿨스페인어연구소 지음

저자 직강 유료 동영상 강의 MP3 무료 제공 스페인어 필수 동사표 100 PDF

S 시원스쿨닷컴

머리말

　스페인어를 공부하시는 대부분의 학습자분들은 아마도 스페인어를 배우기 전, 스페인어를 잘하는 사람에 대한 동경 혹은 스페인어를 사용하는 나라로의 여행 등 기분 좋은 상상을 하며 소위 말하는 '로망'에 사로잡혀 본 적이 있으실 것입니다. 그러나 처음 스페인어 공부를 시작할 때의 이런 즐거운 기분을 오랫 동안 유지하시는 분들이 그리 많지는 않았습니다. 스페인어 문법을 공부하며 점점 부담감이 커지고 실력이 늘지 않고 제자리 걸음인 것처럼 느끼는 경우가 많기 때문입니다. 문제는 이것이 학습에 부담감을 더 주어 악순환이 된다는 것입니다. 그래서 처음에 '쉽게' 생각했던 스페인어가 이제는 '어려운' 언어로, 나도 모르게 변질되어 있는 것이죠.

　저는 이런 분들께 늘상 되묻습니다. "하나의 '언어'가 과연 쉬울 리가 있나요? 쉬운 게 더 이상한 일 아닐까요?"

　그래서 처음 스페인어를 배우시려는 분들이 "스페인어 배우기 쉽나요?"라고 질문하시면, 저는 "아니요, 스페인어 어려워요."라고 대답합니다. 공부를 하기 전에 난이도가 높다고 생각하고 시작하면, 실제로 공부할 때에는 오히려 덜 어렵게 느낄 것이기 때문입니다. 이는 여러분이 공부에 대한 부담감을 덜 가지셨으면 하는 저의 바람이기도 합니다.

　그러면 스페인어 문법의 장점은 무엇일까요? 알파벳 체계가 영어와 거의 같다는 점, 발음이 그리 어렵지 않다는 점, 일부 어휘가 영어나 불어 등 다른 언어와 스펠링이 동일하다는 점입니다. 그러므로 만일 여러분들이 스페인어를 배우기로 결심하셨다면, 위와 같은 장점에 기대 보는 건 어떨까요? 발음이 어렵지 않으니 소리 내어 읽으며 자신감을 가지고 시작하는 것도 좋은 방법입니다!

본서에는 꼭 알아야 하는 '초급' 문법을 수록했습니다. 공부할 때에는 내용을 한 번에 내 것으로 만들겠다는 목표보다는 두 번, 세 번 읽어 보며 기억에 조금씩 남기는 방법으로 학습하시는 것도 좋을 것 같습니다. 스페인어를 처음 공부하는 분들은 동사 변형을 어려워하는데, 자꾸 잊어버려도 괜찮습니다. 처음 접하는 불규칙 동사 변형을 한 번에 외울 수 있을 것이라는 잘못된(?) 기대감이 오히려 학습을 방해하면 안 되겠죠? 그래서 저는 여러분들이 이 책을 조금은 가벼운 마음으로 시작하되, 두 번 세 번 반복하시길 추천합니다.

여러분들의 스페인어 공부를 응원합니다!

¡Ánimo!

이 책의 구성과 특징

오늘의 문장

오늘 학습하는 핵심 문법이 담긴 문장입니다. 한국어 해석을 보고 스페인어로 어떻게 표현될지 추측해 보세요. 매 과의 마지막에 해당 스페인어 문장이 제시됩니다.

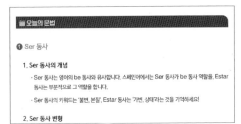

오늘의 문법

이번 과의 핵심 문법입니다. 쉽고 자세한 설명으로 스페인어 문법을 익혀 보세요!

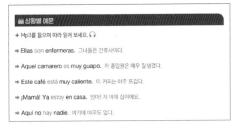

상황별 예문

오늘의 핵심 문법이 활용된 예문을 반복해서 학습해 봅시다. 반복하다 보면 저절로 문법을 외우게 될 거예요. 듣기 MP3를 들으며 정확한 발음 또한 익힐 수 있습니다.

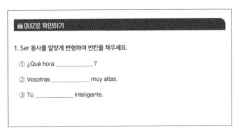

Quiz로 확인하기

연습 문제를 풀어 보며 오늘 학습한 내용을 점검해 보세요.

오늘의 핵심

오늘 학습한 내용을 요약하여 한눈에 들어오도록 제시했습니다. 핵심 문법을 다시 한번 떠올려 보세요.

오늘의 문장

이번 과의 핵심 문법이 담긴 스페인어 문장입니다. MP3를 들으며 큰 소리로 따라 읽어 보세요.

학습 플랜

한 달 완성

한 달 만에 본서 학습이 가능한 학습 플랜입니다. 강의와 함께 학습하면 효과가 배가 됩니다.

DAY 1	DAY 2	DAY 3	DAY 4	DAY 5
준비 1~3과	1과 Ser, Estar, Hay 동사	2과 현재 진행형	3과 비교급과 최상급	4과 의무 표현
도서 ☐ 강의 ☐	도서 ☐ 강의 ☐	도서 ☐ 강의 ☐	도서 ☐ 강의 ☐	도서 ☐ 강의 ☐
DAY 6	**DAY 7**	**DAY 8**	**DAY 9**	**DAY 10**
5과 간접 & 직접 목적격 대명사 (1)	6과 간접 & 직접 목적격 대명사 (2)	1~6과 복습	7과 재귀 동사	8과 역구조 동사
도서 ☐ 강의 ☐	도서 ☐ 강의 ☐	도서 ☐ 강의 ☐	도서 ☐ 강의 ☐	도서 ☐ 강의 ☐
DAY 11	**DAY 12**	**DAY 13**	**DAY 14**	**DAY 15**
9과 현재 완료 (1)	10과 현재 완료 (2)	7~10과 복습	11과 단순 과거 (1)	12과 단순 과거 (2)
도서 ☐ 강의 ☐	도서 ☐ 강의 ☐	도서 ☐ 강의 ☐	도서 ☐ 강의 ☐	도서 ☐ 강의 ☐
DAY 16	**DAY 17**	**DAY 18**	**DAY 19**	**DAY 20**
13과 불완료 과거	14과 과거 완료	15과 과거 시제 총정리	11~15과 복습	16과 단순 미래
도서 ☐ 강의 ☐	도서 ☐ 강의 ☐	도서 ☐ 강의 ☐	도서 ☐ 강의 ☐	도서 ☐ 강의 ☐
DAY 21	**DAY 22**	**DAY 23**	**DAY 24**	**DAY 25**
17과 미래 완료	18과 현재 분사와 과거 분사	19과 의문사	20과 명령법	16~20과 복습
도서 ☐ 강의 ☐	도서 ☐ 강의 ☐	도서 ☐ 강의 ☐	도서 ☐ 강의 ☐	도서 ☐ 강의 ☐

CONTENTS

📖 개념 확인

> · 관사 + 명사
> · 관사는 명사 앞에 위치하며 명사를 꾸민다.
> 예 el español (남성 단수 정관사 el + 남성 단수 명사)

❶ 정관사

1. 정관사의 성·수 구분

	남성	여성
단수	el	la
복수	los	las

정관사와 명사

	남성	여성
단수	el niño 그 남자아이 el bolso 그 핸드백 el libro 그 책	la niña 그 여자아이 la calle 그 길 la escuela 그 학교
복수	los niños 그 남자아이들 los bolsos 그 핸드백들 los libros 그 책들	las niñas 그 여자아이들 las calles 그 길들 las escuelas 그 학교들

2. 정관사의 기능

(1) 대화에서 이미 언급된 대상 혹은 정보가 공유되어 알고 있는 특정의 것을 지칭할 때 사용된다.

El señor es simpático. 그 아저씨는 친절하다.

(2) 남성 단수 정관사 el은 주격 인칭 대명사 él과 다르며, 강세 표기에 차이가 있다.

Él tiene dos hijos. 그는 아이 둘이 있다. [주격 인칭 대명사]

(3) 남성 복수 정관사 los, 여성 단수 정관사 la, 여성 복수 정관사 las는 목적격 대명사 los, la, las
와 형태는 동일하지만, 기능은 다르다.

La profesora es simpática. 그 선생님은 친절하다. [여성 단수 정관사]
La quiero mucho. 나는 그녀를 정말 사랑한다. [목적격 대명사]

3. 그 외 정관사의 활용

(1) 종류, 전체를 표현할 때

Odio las cucarachas. 나는 바퀴벌레를 싫어한다.
*cucaracha는 '바퀴벌레'라는 명사이며, 이 문장에서는 '바퀴벌레라는 모든 종, 전체'를 의미하는 정관사로 사용됨.

(2) 사람을 타이틀로 수식할 때

La profesora Bona es buena. 그 보나 선생님은 착하다.
*단, 직접 호명의 경우에는 관사를 사용하지 않음.

¡Profesora! 선생님!

(3) 언어명 앞에서는 남성 단수 정관사 el

El español es fácil. 스페인어는 쉽다.

(4) 시간을 표현할 때는 여성 정관사 la, las

Son las dos (horas). 두 시이다.

¡OJO!

🔍 El + 여성 명사

· a/ha로 시작하면서 첫 음절에 강세가 있는 여성 단수 명사는 여성 단수 정관사 la가 아닌, 남성 단수 정관사 el를 사용한다.

예 el agua 물 | el aula 교실, 강의실 | el hambre 배고픔

· 단, 복수 명사는 원래 그대로 여성 복수 정관사 las를 사용한다.

예 las aguas 강/바닷물, 해류 | las aulas 강의실들 | las hambres 기아 문제들

🔍 전치사 a/de + el

· a + el → al

예 Voy al cine. 나는 영화관에 간다.

· de + el → del

예 Vengo del cine. 나는 영화관에서 오는 길이다.

❷ 부정 관사

1. 부정 관사의 성·수 구분

	남성	여성
단수	un	una
복수	unos	unas

부정 관사와 명사

	남성	여성
단수	un niño 한 명의 남자아이 un bolso 하나의 핸드백 un libro 한 권의 책	una niña 한 명의 여자아이 una calle 하나의 길 una escuela 하나의 학교
복수	unos niños 몇 명의 남자아이들 unos bolsos 몇 개의 핸드백들 unos libros 몇 권의 책들	unas niñas 몇 명의 여자아이들 unas calles 몇 개의 길들 unas escuelas 몇 개의 학교들

2. 부정 관사의 기능

(1) 처음 언급하는 대상 혹은 불특정한 것을 지칭할 때 사용된다.

Quiero comprar un libro. 나는 책 한 권을 사고 싶다.

(2) 단수일 때는 '하나의', 복수일 때는 '몇몇의/어떤'을 의미한다.
복수일 때는 부정 형용사 'algunos/algunas'와 같은 의미로 대체하여 사용할 수 있다.

José tiene un libro y unas revistas (= algunas revistas). 호세는 책 한 권과 몇 권의(= 어떤) 잡지들을 가지고 있다.

> **¡OJO!**
>
> 🔍 **un + 여성 명사**
>
> · a/ha로 시작하며 첫 음절에 강세가 있는 여성 가산 명사의 경우, 여성 단수 부정 관사 una가 아닌 남성 단수 부정 관사 un을 사용한다.
> **예** un aula 한 개의 교실
>
> · 단, 복수의 경우에는 원래 그대로 여성 복수 부정 관사 unas를 사용한다.
> **예** unas aulas 몇몇 교실들

📋 예문 확인

✚ 예문을 통해 정관사와 부정 관사의 차이를 비교해 봅시다!

Necesito comprar un coche. 나는 차 한 대를 구입해야 한다.
➡ 어떤, 불특정한 차
El coche de José es nuevo. 호세의 그 차는 새것이다.
➡ 특정한 그 차

Voy a comprar unos pantalones. 나는 바지 몇 벌을 살 것이다.
➡ 어떤, 몇 벌의 바지
Los pantalones son cómodos. 그 바지들은 편하다./바지들은 편하다.
➡ 특정한 그 바지들, 혹은 바지의 종류 전체

Ayer conocí a unas señoritas. 나는 어제 몇 명의 여자(아가씨)들을 알게 되었다.
➡ 어떤, 몇 명의 여자들
Las señoritas son amables. 그 여자(아가씨)들은 친절하다.
➡ 특정한 그 여자들

준비

02 명사와 형용사

■ 개념 확인

· 명사는 기본적으로 남성 명사와 여성 명사로 나뉜다. (단, 동형과 같은 예외도 있다.)

· 자연의 성을 그대로 갖는 명사도 있다. 예 la mujer 여성

· 그 외 사물은 정해져 있는 성을 기억해야 한다.

❶ 명사

1. 명사의 성·수 구분

	남성	여성
단수	-o	-a
복수	-os	-as

남성 명사와 여성 명사

	남성	여성
단수	niño 남자아이 doctor 남자 의사 hombre 남성	niña 여자아이 doctora 여자 의사 mujer 여성
복수	niños 남자아이들 doctores 남자 의사들 hombres 남성들	niñas 여자아이들 doctoras 여자 의사들 mujeres 여성들

정관사와 명사의 성 일치

남성 명사	여성 명사
el libro 책	la rosa 장미
el amor 사랑	la ciudad 도시
el idioma 언어	la ocasión 기회
el examen 시험	la especie 종류
el lunes 월요일	la voz 목소리
*요일명은 모두 남성 명사	la costumbre 습관
	la crisis 위기

¡OJO!

🔍 불규칙

[예] el día 날, 하루: a로 끝나지만 남성 명사

[예] la mano 손: o로 끝나지만 여성 명사

[예] la razón 이유: n으로 끝나지만 여성 명사

🔍 남성, 여성 동형

[예] el/la dentista 치과 의사: 주로 '-ista'로 끝나는 명사

[예] el/la estudiante 학생

[예] el/la modelo 모델

2. 명사의 수

(1) 모음 + s

niño 아이 ▶ niños 아이들

libro 책 ▶ libros 책들

café 커피 ▶ cafés 커피들

(2) 자음 + es

papel 종이 ▶ papeles 종이들

estación 역 ▶ estaciones 역들

(3) z + es → ces

lápiz 연필 ▶ lápices 연필들

paz 평화 ▶ paces 평화들

(4) 단수, 복수 동형

la crisis 위기 ▶ las crisis 위기들

el lunes 그 월요일 ▶ los lunes 월요일들/매주 월요일

정관사와 명사의 수 일치

단수 명사	복수 명사
el amor 사랑	los amores
la rosa 장미	las rosas
el idioma 언어	los idiomas
el examen 시험	los exámenes
la ciudad 도시	las ciudades
la especie 종류	las especies
la voz 목소리	las voces
el lunes 월요일	los lunes

❷ 형용사

1. 형용사의 성

(1) o/a: 형용사의 어미가 −o/a로 바뀌는 경우

alto/alta 키가 큰

simpático/simpática 착한

(2) 자음 + a: 자음으로 끝나는 형용사의 어미에 a를 추가

trabajador/trabajadora 일을 열심히 하는, 근면한

español/española 스페인의, 스페인 사람의

(3) 동형

amable 친절한 fácil 쉬운 difícil 어려운 azul 파란색의 verde 녹색의

¡OJO!

 o 탈락

· uno/bueno/malo + 남성 단수 명사

예 uno libro/bueno libro/malo libro (X) ▶ un libro/buen libro/mal libro (O)

de 탈락

· grande + 남성/여성 단수 명사

예 grande libro, grande casa (X) ▶ gran libro, gran casa (O)

2. 형용사의 수

(1) 모음 + s

bueno 좋은 ▶ buenos

buena 좋은 ▶ buenas

verde 녹색의 ▶ verdes

(2) 자음 + es

fácil 쉬운 ▶ fáciles

azul 파란색의 ▶ azules

(3) z + es ➞ ces

feliz 행복한 ▶ felices

capaz 능력이 있는 ▶ capaces

3. 명사와 형용사의 순서

(1) 관사 + 명사 + 형용사: 스페인어에서는 일반적으로 형용사가 명사 뒤에서 명사를 수식한다.

una película interesante

(2) 관사 + 명사 + 부사 + 형용사: 일반적으로 부사는 형용사 앞에 위치한다.

una película muy interesante

🔍 형용사가 명사 앞에 오는 경우

· 형용사가 명사의 본질을 나타낼 때

　la blanca nieve 그 하얀 눈

· 형용사의 의미를 강조할 때

　gran casa 훌륭한/엄청난 집

· 소유 형용사 전치형

　mi libro 나의 책

· 지시 형용사

　este libro 이 책

· 수량 형용사

　dos libros 두 권의 책

📁 예문 확인

+ 예문을 통해 명사와 형용사의 성수 일치를 연습해 봅시다!

un libro nuevo [남성, 단수] 새 책
una novela nueva [여성, 단수] 새 소설

un amigo español [남성, 단수] 스페인 친구(남)
una amiga española [여성, 단수] 스페인 친구(여)

unos estudiantes muy simpáticos [남성, 복수] 착한 남학생들
unas estudiantes muy simpáticas [여성, 복수] 착한 여학생들

un amigo viejo [남성, 단수] 나이 많은 친구
un viejo amigo [남성, 단수] 오래된 친구

03 숫자

📂 개념 확인

❶ 기수

1. 0~10

0
cero

1	2	3	4	5
uno	dos	tres	cuatro	cinco
6	7	8	9	10
seis	siete	ocho	nueve	diez

¡OJO!

· uno는 남성 명사와 만나면 어미 –o가 탈락한다.
  예 uno + 남성 명사 → un libro
  una + 여성 명사 → una casa

2. 11~29

11	12	13	14	15	
once	doce	trece	catorce	quince	
16	17	18	19	20	21
dieciséis	diecisiete	dieciocho	diecinueve	veinte	veintiuno

¡OJO!

- 11~15, 20은 정해진 명칭이 있다.
- 16~19는 dieci- 뒤에 일 단위 숫자 seis, siete, ocho, nueve를 붙인다.
- veintiuno 역시 남성 명사와 만나면 어미 –o가 탈락한다.

[예] 21 + 남성 명사 → veintiún libros (강세 표기 주의!)

21 + 여성 명사 → veintiuna casas

3. 30~99

30	31	32
treinta	treinta y uno	treinta y dos
40	41	42
cuarenta	cuarenta y uno	cuarenta y dos

50	60	70	80	90
cincuenta	sesenta	setenta	ochenta	noventa

¡OJO!

- 30, 40, 50, 60, 70, 80, 90은 정해진 명칭이 있다.
- 위의 십 단위 숫자와 일 단위 숫자는 y(그리고)로 연결한다.
- treinta y uno 역시 남성 명사와 만나면 어미 –o가 탈락한다.

[예] 31 + 남성 명사 → treinta y un libros

4. 100~199

100	101	102	103
ciento / cien	ciento uno	ciento dos	ciento tres
110	111	112	
ciento diez	ciento once	ciento doce	

¡OJO!

- 숫자 100의 기본 표기는 cien이다.
- 100 뒤에 십 단위와 일 단위 숫자가 뒤에 올 때는 ciento로 표기한다.

5. 200~999

200	300	400	500
doscientos	trescientos	cuatrocientos	quinientos
600	700	800	900
seiscientos	setecientos	ochocientos	novecientos

¡OJO!

· 200 이상의 백 단위 숫자는 ciento의 복수형 cientos로 표기한다.
· 명사 앞에 쓰이는 경우, 명사의 성에 일치하도록 cientos의 어미를 변형해야 한다.
[예] 남성 명사 앞 -os → doscientos hombres 200명의 남자들
[예] 여성 명사 앞 -as → doscientas mujeres 200명의 여자들

6. 1.000~1.000.000.000.000

1.000	10.000	100.000	1.000.000
mil	diez mil	cien mil	un millón
10.000.000	100.000.000	1.000.000.000.000	
diez millones	cien millones	un billón	

¡OJO!

· 천 단위 이상의 숫자를 읽을 때는 mil을 활용한다.

예 2.000: dos mil   15.000: quince mil

· 네 자리 수를 읽을 때 두 자리씩 끊어 읽어서는 안 된다.

예 1995: mil novecientos noventa y cinco (O)

    diecinueve noventa y cinco (X)

· 백만의 단위인 millón은 단수형, millones는 복수형이다. millón 이상의 숫자는 전치사 de와 함께 명사를 연결한다.

예 un millón de libros 백만 권의 책들

    dos millones de libros 이백만 권의 책들

❷ 서수

1. 1°~10°

1°	2°	3°	4°	5°
primero	segundo	tercero	cuarto	quinto
6°	7°	8°	9°	10°
sexto	séptimo	octavo	noveno	décimo

¡OJO!

· primero, tercero가 남성 단수 명사와 만나면 어미 –o가 탈락한다.

예 primero + 남성 단수 명사 → primer libro (primera casa)

    tercero + 남성 단수 명사 → tercer libro (tercera casa)

2. 11°~20°

11°	12°	13°	14°	15°
undécimo	duodécimo	decimotercero	decimocuarto	decimoquinto
16°	17°	18°	19°	20°
decimosexto	decimoséptimo	decimoctavo	decimonoveno	vigésimo

· 13 decimotercero 이상부터는 주로 기수로 표현한다.

📖 예문 확인

✚ 예문의 숫자를 말해 봅시다!

- 58: cincuenta y ocho
- 777: setecientos setenta y siete
- 1.998: mil novecientos noventa y ocho
- 2.014: dos mil catorce
- 47.253: cuarenta y siete mil doscientos cincuenta y tres
- 546.290: quinientos cuarenta y seis mil doscientos noventa
- 하루: un día
- 서른 한 살: treinta y un años
- 삼백 송이의 장미: trescientas rosas
- 12번째의 의자: duodécima silla

01 Ser, Estar, Hay 동사

내 남자 친구는 한국 사람이고 지금은 스페인에 있습니다.

📅 오늘의 문법

❶ Ser 동사

1. Ser 동사의 개념

· Ser 동사는 영어의 be 동사와 유사합니다. 스페인어에서는 Ser 동사가 be 동사 역할을, Estar 동사는 부분적으로 그 역할을 합니다.

· Ser 동사의 키워드는 '불변, 본질', Estar 동사는 '가변, 상태'라는 것을 기억하세요!

2. Ser 동사 변형

yo	soy	nosotros/as	somos
tú	eres	vosotros/as	sois
él/ella/usted	es	ellos/ellas/ustedes	son

3. Ser 동사의 용법

(1) 주어의 본질

· Ser 동사는 이름, 성, 외모, 성격, 소유, 국적, 출신, 직업 등 주어의 본질을 표현합니다.

(2) Ser + 형용사, 명사, 대명사

Ser 동사 뒤에 형용사, 명사, 대명사를 연결시켜 주어의 본질을 표현합니다.

Yo soy Bona. 나는 보나이다.		[이름]
Yo soy mujer. 나는 여자이다.		[성]
Yo soy simpática. 나는 성격이 착하다.		[성격]
Yo soy blanca. 나는 (피부가) 하얗다.		[외모]
Yo soy coreana. 나는 한국인이다.		[국적]
Yo soy estudiante. 나는 학생이다.		[직업]

*직업을 말할 때는 관사를 사용하지 않는다는 것을 주의하세요.

(3) 시간, 때, 양, 가격

Ser 동사를 사용해 시간, 때, 양, 가격을 표현합니다.

Q: ¿Qué hora es? 몇 시입니까?　　　　　　　[시간]

A: Es la una. / Son las dos. 한 시입니다. / 두 시입니다.

*1시는 3인칭 단수 동사 변형, 2시 이상부터는 3인칭 복수로 동사 변형 합니다.

Q: ¿Qué fecha es hoy? 오늘 며칠입니까?　　　[때]

A: Hoy es 30 de junio. 오늘은 6월 30일입니다.

Q: ¿Qué día es hoy? 오늘은 무슨 요일입니까?　　[때]

A: Hoy es martes. 오늘은 화요일입니다.

Q: ¿Cuánto es? 얼마입니까?　　　　　　　　[가격]

A: Son cien euros. 100 유로입니다.

❷ Estar 동사

1. Estar 동사 변형

yo	estoy	nosotros/as	estamos
tú	estás	vosotros/as	estáis
él/ella/usted	está	ellos/ellas/ustedes	están

2. Estar 동사의 용법

(1) 주어의 위치, 상태, 현재 진행형

주어의 위치, 상태, 현재 진행형을 표현할 때는 Estar 동사를 사용합니다.

(2) Estar + 형용사, 부사, 현재 분사

Estar 동사 뒤에 형용사, 부사, 현재 분사를 연결시켜 주어의 위치, 상태, 현재 진행형을 표현할 수 있습니다.

*과거 분사는 형용사에 포함됩니다.
*Estar 동사와 전치사 en을 함께 사용하면 위치를 표현할 수 있습니다.

Yo estoy feliz. 나는 행복하다.	[상태]
Yo estoy bien. 나는 잘 지낸다.	[상태]
Yo estoy cansada. 나는 피곤하다.	[상태]
Yo estoy en la escuela. 나는 학교에 있다.	[위치]
Yo estoy en el cine. 나는 영화관에 있다.	[위치]
Yo estoy estudiando. 나는 공부하는 중이다.	[현재 진행형]

Ser와 Estar 동사 비교

¿Cómo eres? 너는 어떤 사람이니?	¿Cómo estás? 너 (오늘) 어때?
Soy divertido. 나는 즐거운 사람이다.	Estoy bien. 나는 잘 있다.
Soy callado. 나는 조용한 사람이다.	Estoy muy bien. 나는 아주 잘 있다.
Soy positivo. 나는 긍정적인 사람이다.	Estoy mal. 나는 좋지 않다.
Soy paciente. 나는 인내심 있는 사람이다.	Estoy muy mal. 나는 아주 좋지 않다.
Soy trabajador. 나는 근면한 사람이다.	Estoy enfermo. 나는 아픈 상태이다.
Soy bueno. 나는 착한 사람이다.	Estoy cansado. 나는 피곤한 상태이다.
Soy muy bien. (X)	Estoy preocupado. 나는 걱정한다.

· Ser 동사를 사용한 ¿Cómo eres?는 성격이나 특징에 관한 질문입니다. divertido, callado, paciente 등 성격, 특징을 나타내는 형용사로 답할 수 있습니다. 그러나 muy bien 등 부사는 Ser 동사와 함께 사용할 수 없습니다.

*부사는 일시적인 상태를 나타내므로 Estar 동사와 사용해야 합니다.

· Estar 동사를 사용한 ¿Cómo estás?는 안부, 상태에 대한 질문입니다. bien, mal 등 부사 또는 enfermo, cansado, preocupado 등 상태를 의미하는 형용사로 답할 수 있습니다.

*상태를 의미하는 형용사가 Ser 동사와 함께 쓰이면 '~하는 사람'의 의미가 되므로 주의하세요!

· Ser 동사는 본래의 성격을 표현하고, Estar 동사는 일시적인 상태를 표현합니다. 아래 문장으로 차이를 살펴봅시다.

María es alegre, pero hoy está triste. 마리아는 유쾌한 성격이지만, 오늘은 슬픈 상태이다.	
ser divertido 즐거운 성격이다	estar divertido 즐거운 상태이다
ser alegre 유쾌한 성격이다	estar alegre 유쾌한 상태이다
ser triste 슬픈 성격이다	estar triste 슬픈 상태이다
ser bueno 착한 성격이다	estar bueno 상태가 좋다

❸ Hay 동사

1. Hay 동사의 용법

(1) 무인칭 동사 Hay

'~있다'를 의미하는 Hay 동사는 무인칭 동사입니다.

Hay una chica. (= There is a girl.) 한 명의 여자아이가 있다.

Hay dos chicas. (= There are two girls.) 두 명의 여자아이들이 있다.

(2) 불특정 대상의 존재 유무

Hay 동사는 불특정 대상의 존재 유무를 표현하므로 명사 앞에 정관사가 오지 않습니다.

Q: ¿Qué hay sobre la mesa? 그 책상 위에 무엇이 있습니까?

A: Hay el libro sobre la mesa. 그 책상 위에는 그 책이 있습니다. (X)

B: Hay un libro sobre la mesa. 그 책상 위에는 책 한 권이 있습니다. (O)

Estar와 Hay 동사 비교

Juan está en la calle.	En la calle hay un niño.
후안은 그 길에 있다.	그 길에는 한 남자아이가 있다.
Él está en la calle.	En la calle hay algunos niños.
그는 그 길에 있다.	그 길에는 몇 명의 아이들이 있다.
El niño está en la calle.	En la calle hay mucha gente.
그 남자아이는 그 길에 있다.	그 길에는 많은 사람이 있다.
Tu coche está en la calle.	En la calle hay tráfico.
너의 차는 그 길에 있다.	그 길에는 교통 체증이 있다.

📅 상황별 예문

+ Mp3를 들으며 따라 읽어 보세요. 🎧

➡ Ellas son enfermeras. 그녀들은 간호사이다.

➡ Aquel camarero es muy guapo. 저 종업원은 매우 잘생겼다.

➡ Este café está muy caliente. 이 커피는 아주 뜨겁다.

➡ ¡Mamá! Ya estoy en casa. 엄마! 저 이제 집이에요.

➡ Aquí no hay nadie. 여기에 아무도 없다.

📋 QUIZ로 확인하기

1. Ser 동사를 알맞게 변형하여 빈칸을 채우세요.

① ¿Qué hora _____?

② Vosotras _____ muy altas.

③ Tú _____ inteligente.

2. Estar 동사를 알맞게 변형하여 빈칸을 채우세요.

① El banco _____ junto a la iglesia.

② Mis amigos y yo _____ ocupados.

③ Yo _____ muy bien.

3. Ser, Estar, Hay 동사 중 알맞은 것을 고른 뒤, 필요 시 동사 변형하여 빈칸을 채우세요.

① La casa de mi abuela _____ muy grande y bonita.

② La casa de mi abuela _____ en Jeju.

③ En la casa de mi abuela _____ tres gatos.

Ser, Estar, Hay 동사

Ser (···이다)	Estar (···있다)	Hay (···있다)
soy	estoy	
eres	estás	
es	está	hay
somos	estamos	
sois	estáis	
son	están	
주어의 본질, 시간, 때, 양, 가격	주어의 상태, 위치, 현재 진행형	무인칭 동사(존재의 유무)

■ 오늘의 문장

+ Mp3를 들으며 오늘의 문장을 큰 소리로 따라 읽어 보세요. 🎧

내 남자 친구는 한국 사람이고 지금은 스페인에 있습니다.

Mi novio es coreano y ahora está en España.

simpático 착한, 친절한

día ⓜ 날, 일, 하루

paciente 인내심 있는

preocupado 걱정하는

tráfico ⓜ 교통, 교통량

nadie 아무도 (~않다)

junto a 옆에

blanco 하얀

divertido 즐거운

trabajador 근면한

alegre 유쾌한

enfermera ⓕ 여자 간호사

inteligente 지적인, 머리가
좋은

ocupado 바쁜

fecha ⓕ 날짜

callado 조용한

enfermo 아픈

triste 슬픈

camarero ⓜ 남자 종업원

banco ⓜ 은행, 벤치, 긴 의자

02 현재 진행형

📅 오늘의 문장

나 지금 스페인어 공부하는 중이야.

📅 오늘의 문법

현재 진행형

1. 현재 진행형의 형태: Estar + 현재 분사

(1) 현재 분사의 규칙 변형

Estar	현재 분사
estoy	
estás	-ar ▶ -ando cantar 노래하다 ▶ cantando
está	
estamos	
estáis	-er, -ir ▶ -iendo beber 마시다 ▶ bebiendo
están	

규칙 변형 훈련

Yo estoy	estudiar ▶ estudiando 나는 공부하는 중이다
	trabajar ▶ trabajando 나는 일하는 중이다
	bailar ▶ bailando 나는 춤추는 중이다
	ver una película ▶ viendo una película 나는 영화 한 편을 보는 중이다

(2) 현재 분사의 불규칙 변형

· 어간 모음 불규칙

Estar	현재 분사
estoy	dormir 자다 ▶ durmiendo
estás	poder 할 수 있다 ▶ pudiendo
está	morir 죽다 ▶ muriendo
	decir 말하다 ▶ diciendo
estamos	pedir 요구하다 ▶ pidiendo
	venir 오다 ▶ viniendo
estáis	sentir 느끼다 ▶ sintiendo
están	repetir 반복하다 ▶ repitiendo

· yendo 불규칙

Estar	현재 분사
estoy	
estás	ir 가다 ▶ yendo
	leer 읽다 ▶ leyendo
está	oír 듣다 ▶ oyendo
estamos	caer 떨어지다 ▶ cayendo
	creer 믿다 ▶ creyendo
estáis	traer 가지고 오다 ▶ trayendo
están	

불규칙 변형 훈련

Tú estás	dormir ▶ durmiendo 너는 자는 중이다
	pedir perdón ▶ pidiendo perdón 너는 용서를 구하는 중이다
	decir mentira ▶ diciendo mentira 너는 거짓말을 하는 중이다
	leer un libro ▶ leyendo un libro 너는 책을 읽는 중이다

2. 현재 진행형의 용법

(1) Estar + 현재 분사: 진행 중인 동작 (…하고 있다)

Q: ¿Qué haces? 너 뭐해?

A: Escucho la clase. 나는 수업 들어.

*현재 시제는 현재의 행위와 평상시의 습관, 반복적인 행위를 표현합니다.

Q: ¿Qué estás haciendo? 너 뭐하는 중이야?

A: Estoy escuchando la clase. 나는 수업 듣는 중이야.

Q: ¿Qué hace Bona? 보나는 무엇을 하나요?/무엇을 하는 사람입니까?

A: Bona explica. 보나는 설명합니다./설명하는 사람입니다.

Q: ¿Qué está haciendo Bona? 보나는 무엇을 하는 중입니까?

A: Bona está explicando. 보나는 설명하는 중입니다.

3. 현재 분사의 활용

(1) 동시 행위: ~하면서 …하다

María cocina cantando. 마리아는 노래하면서 요리한다.

Antonio saluda sonriendo. 안토니오는 미소 지으며 인사한다.

Quiero estudiar escuchando la música. 나는 음악을 들으며 공부하고 싶다.

(2) Ir, Seguir, Continuar + 현재 분사: 계속 …하다

· Ir + 현재 분사: 점점 …하다, …해 나가다
  Voy aprendiendo. 나는 배워 나간다.

· Seguir + 현재 분사: 계속 … 하다 (과거에도 그랬고, 앞으로도 그렇다)
  Sigo aprendiendo. 나는 계속 배운다.

· Continuar + 현재 분사: 계속 … 하다 (과거에도 그랬고, 앞으로도 그렇다)
  Continúo aprendiendo. 나는 계속 배운다.

🖥 상황별 예문

+ Mp3를 들으며 따라 읽어 보세요. 🎧

➡ ¿Estáis estudiando **español?** 너희 스페인어 공부하는 중이야?

➡ Los estudiantes están escuchando **al profesor.** 그 학생들은 선생님의 말을 귀담아듣고 있다.

➡ ¡Estás haciendo **mucho ruido!** 너 지금 너무 시끄러워!

➡ Mis amigos y yo charlamos tomando **un café.** 내 친구들과 나는 커피 한 잔을 마시면서 이야기를 나눈다.

➡ ¡Me estoy muriendo **de hambre!** 나 배고파 죽는 중이야!

1. 괄호의 동사를 현재 진행형으로 변형하세요.

　① Los niños ＿＿＿＿＿ ＿＿＿＿＿＿ (jugar) en el parque.

　② Tú ＿＿＿＿＿ ＿＿＿＿＿＿ (cocinar).

　③ Vosotros ＿＿＿＿＿ ＿＿＿＿＿＿ (estudiar) español.

2. 괄호의 동사를 현재 진행형으로 변형하세요.

　① Yo ＿＿＿＿＿ ＿＿＿＿＿＿ (leer) una novela.

　② El niño ＿＿＿＿＿ ＿＿＿＿＿＿ (dormir) en su cama.

　③ Nosotros ＿＿＿＿＿ ＿＿＿＿＿＿ (ir) a la escuela.

3. 현재 진행형을 사용해 아래의 해석과 일치하도록 빈칸을 채우세요.

Ahora ＿＿＿＿＿ ＿＿＿＿＿＿ mucho.

Yo ＿＿＿＿＿ ＿＿＿＿＿＿ un café ＿＿＿＿＿＿ música.

지금 비가 많이 내리고 있다.
나는 음악을 들으며 커피를 마시고 있다.

퀴즈 정답

1. ① están jugando ② estás cocinando ③ estáis estudiando
2. ① estoy leyendo ② está durmiendo ③ estamos yendo
3. está lloviendo, estoy tomando, escuchando

■ 오늘의 핵심

현재 진행형

1. 현재 진행형의 형태

: Estar + 현재 분사

estoy	
estás	cantando
está	bebiendo
estamos	durmiendo
estáis	diciendo
están	leyendo

2. 현재 진행형의 용법

(1) ~하고 있다: 진행 중인 동작

3. 현재 분사의 용법

(1) ~하면서 …하다: 동시 행위

(2) 계속 ~하다: Ir, Seguir, Continuar + 현재 분사

📅 오늘의 문장

+ Mp3를 들으며 오늘의 문장을 큰 소리로 따라 읽어 보세요. 🎧

나 지금 스페인어 공부하는 중이야.

(Ahora) Estoy estudiando español.

VOCABULARIO

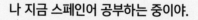

decir 말하다, 알리다	pedir 부탁하다, 주문하다	morir 죽다
repetir 반복하다	creer 믿다, 생각하다	traer 가지고 오다
explicar 설명하다	saludar 인사하다	sonreír 미소를 짓다
charlar 담소하다	ruido ⓜ 소음, 소동	morirse de ...로 죽을 지경 이다
hambre ⓕ 배고픔, 허기짐	parque ⓜ 공원	novela ⓕ 소설

03 비교급과 최상급

📖 오늘의 문장

나는 너보다 키가 더 커.

📖 오늘의 문법

❶ 비교급

1. 더 ~한 …보다

más 더 ~한	+	que …보다

- más 뒤에 위치하는 형용사는 반드시 주어에 성, 수를 일치시켜야 합니다.
- 비교급 표현에서는 비교 대상이 필요하므로 que 뒤에 비교 대상을 위치시킵니다.

　　Yo soy alto. 나는 키가 크다.

　　Yo soy más alto que tú. 나는 너보다 키가 더 커.

2. 덜 ~한 …보다

menos 덜 ~한	+	que …보다

- menos 뒤에 위치하는 형용사는 반드시 성, 수 일치를 일치시켜야 합니다.
- que 뒤에 비교 대상을 위치시킵니다.

　　Yo soy alto. 나는 키가 크다.

　　Yo soy menos alto que tú. 나는 너보다 키가 덜 커.

3. ~만큼 …한

tan ~한	+	como …만큼

- tan 뒤에 위치하는 형용사는 반드시 성, 수 일치를 일치시켜야 합니다.
- como 뒤에 비교 대상을 위치시킵니다.

　　Yo soy alto. 나는 키가 크다.

　　Yo soy tan alto como tú. 나는 너만큼 (똑같이) 키가 커.

비교급 훈련

Q: ¿Cuál es más fácil? ¿El español o el inglés? 어느 것이 더 쉽나요? 스페인어 혹은 영어?
A: El español es más fácil que el inglés. 스페인어가 영어보다 더 쉽습니다.
B: El español es menos fácil que el inglés. 스페인어가 영어보다 덜 쉽습니다.
C: El español es tan fácil como el inglés. 스페인어가 영어만큼 쉽습니다.

Q: ¿Cuál es más rica? ¿La pizza o la hamburguesa? 어느 것이 더 맛있나요? 피자 혹은 햄버거?
A: La pizza es más rica que la hamburguesa. 피자가 햄버거보다 더 맛있습니다.
B: La pizza es menos rica que la hamburguesa. 피자가 햄버거보다 덜 맛있습니다.
C: La pizza es tan rica como la hamburguesa. 피자가 햄버거만큼 맛있습니다.

¡OJO!

🔍 비교급의 불규칙 형태

- 더 좋은: más bueno (X) → mejor (O)
- 더 나쁜: más malo (X) → peor (O)
- 더 나이가 많은 → mayor
- 더 나이가 어린 → menor
- mejor, peor, mayor, menor는 남성, 여성 동형으로 성 변형을 하지 않습니다.
  복수형은 mejores, peores, mayores, menores
  [예] 이 차는 저것보다 더 좋다. ▶ Este coche es mejor que aquel.
  [예] 저 차는 이것보다 더 나쁘다. ▶ Aquel coche es peor que este.
  [예] 가장 친한 친구 ▶ mejor amigo/a
  [예] 오빠/형, 언니 ▶ hermano/a mayor
  [예] 남동생, 여동생 ▶ hermano/a menor

❷ 최상급

1. 가장 ~한 ⋯에서

el la los las	más	+	de entre

- 정관사 el, la, los, las와 más 뒤에 위치하는 형용사는 주어에 맞추어 성, 수 일치시킵니다.
- 최상급 표현에서는 비교 집단이 필요합니다. 비교 집단을 의미하는 명사가 장소일 때는 de, 사람들의 무리일 때는 entre를 씁니다.

    Yo soy alto. 나는 키가 크다.

    Yo soy el más alto de la clase/entre nosotros. 나는 반에서/우리 중에 키가 가장 크다.

최상급 훈련 ①

Q: ¿Quién es el más alto de la clase? 그 반에서 가장 키가 큰 사람은 누구입니까?

A: Sofía es la más alta de la clase. 소피아는 그 반에서 키가 가장 큽니다.

B: José y Ana son los más altos entre los compañeros. 호세와 아나는 친구들 사이에서 가장 키가 큽니다.

2. 가장 ~한 [무언가] ⋯에서

el la los las	명사	más	+	de entre

- 정관사와 más 사이에 명사를 넣으면 '가장 ~한 명사'라는 의미가 됩니다.

    Yo soy alto. 나는 키가 크다.

    Yo soy el alumno más alto de la clase/entre nosotros. 나는 우리 반에서/우리 사이에서 가장 키가 큰 학생이다.

최상급 훈련 ②

Q: ¿Cuál es la comida más rica de Corea? 한국에서 가장 맛있는 음식은 어느 것인가요?

A: Bulgogui es la comida más rica de Corea. 불고기가 한국에서 가장 맛있는 음식입니다.

B: Kimchi es la comida más famosa de Corea. 김치가 한국에서 가장 유명한 음식입니다.

+ Mp3를 들으며 따라 읽어 보세요. 🎧

➡ Me gustan más las manzanas que las uvas. 나는 포도보다 사과를 더 좋아한다.

➡ Este libro es menos interesante que aquel libro. 이 책은 저 책보다 덜 재미있다.

➡ Yo soy tan alta como mi hermano mayor. 나는 나의 오빠만큼 키가 크다.

➡ Antonio es el más fuerte entre mis amigos. 안토니오는 내 친구들 사이에서 가장 힘이 세다.

➡ BTS es el grupo más famoso de Corea. BTS는 한국에서 가장 유명한 그룹이다.

1. 한국어 해석에 알맞게 괄호의 단어들을 배열하세요.

　① 이 상자는 저 상자보다 더 크다.

　　[caja / es / grande / caja / que / esta / más / aquella]

➡ _____

　② 저 상자는 이 상자보다 덜 무겁다.

　　[pesada / que / esta / menos / caja / es / caja / aquella]

➡ _____

2. 빈칸에 정관사를 쓰고, 정관사가 필요하지 않은 경우에는 X 표시 하세요.

　① Ana es _____ más simpática que Beatriz.

　② Mi padre es _____ más inteligente de la familia.

　③ Incheon es _____ ciudad más grande de Corea.

3. 다음 문장들을 읽고 세 사람의 키가 작은 순서대로 나열하세요.

Rosa es más alta que Luis. Luis es más bajo que José. José es el más alto
entre los tres.

_____ < _____ < _____

📋 오늘의 핵심

비교급과 최상급

비교급	최상급
más que 더 ~한 …보다	el más de 가장 ~한 …에서
menos que 덜 ~한 …보다	el más entre 가장 ~한 … 사이에서
tan como 똑같이 ~한 …만큼	el 명사 más 가장 ~한 명사

비교급의 불규칙 형태

· mejor: 더 좋은 / peor: 더 나쁜
· mayor: 더 나이가 많은 / menor: 더 나이가 어린

✚ Mp3를 들으며 오늘의 문장을 큰 소리로 따라 읽어 보세요. 🎧

🔊

나는 너보다 키가 더 커.

Yo soy más alta que tú.

rico 맛있는, 부유한	compañero ⓜⓕ 동료, 동기	famoso 유명한
uva ⓕ 포도	fuerte 강한, 힘이 센	caja ⓕ 상자, 박스

04 의무 표현

오늘 나 스페인어 공부해야 돼.

❶ Tener 동사

1. Tener 동사 변형

yo	tengo
tú	tienes
él/ella/usted	tiene
nosotros/as	tenemos
vosotros/as	tenéis
ellos/ellas/ustedes	tienen

· 동사 Tener(가지다)를 활용한 주요 표현

Tengo calor. 나는 덥다.

Tengo hambre. 나는 배가 고프다.

Tengo coche. 나는 차가 있다.

Tengo dinero. 나는 돈이 있다.

Tengo veinte años. 나는 20살이다.

2. Tener 동사의 의무 표현

· Tener que + 동사 원형: ~ 해야 한다

Tengo que	comer. 나는 먹어야 한다.
	salir. 나는 나가야 한다.
	comprar algo. 나는 무언가 사야 한다.
	dormir. 나는 자야 한다.
	trabajar. 나는 일해야 한다.

Q: ¿Tienes que trabajar? 너 일해야 돼?

A: Sí. Tengo que trabajar. 응. 나 일해야 돼.

Q: ¿Qué tienes que hacer? 너 뭐 해야 돼?

B: Tengo que limpiar. 나 청소해야 돼.

❷ Deber 동사

1. Deber 동사 변형

yo	debo
tú	debes
él/ella/usted	debe
nosotros/as	debemos
vosotros/as	debéis
ellos/ellas/ustedes	deben

· 동사 Deber(의무가 있다, 빚을 지다)를 활용한 주요 표현

Miguel me debe mil wones. 미겔은 나에게 천 원을 빚졌다.

2. Deber 동사의 의무 표현

· Deber (de) 동사 원형: ~ 해야 한다

Debo (de)	comer. 나는 먹어야 한다.
	salir. 나는 나가야 한다.
	comprar algo. 나는 무언가 사야 한다.
	dormir. 나는 자야 한다.
	trabajar. 나는 일해야 한다.

*전치사 de를 생략하고 'Deber + 동사 원형'으로 표현하는 것도 가능합니다.

Q: ¿Debes trabajar? 너 일해야 돼?

A: Sí. Debo trabajar. 응. 나 일해야만 해.

Q: ¿Qué debes hacer? 너 뭐 해야 돼?

A: Debo limpiar. 나 청소해야 해.

Tener que와 Deber 비교

· deber는 tener que에 비해 더 강한 의무를 표현합니다.

· 법률, 사회적 규범, 도덕적 의무를 표현할 때는 deber를 더 자주 사용합니다.

· 일상에서는 두 가지 표현을 크게 구분하지 않고 비슷한 뉘앙스로 사용합니다.

Tengo que comer algo. 나 뭔가 먹어야 해.

Debo comer algo. 나 뭔가 먹어야만 해.

Deber 동사의 또 다른 기능

① ~하는 것이 분명하다: 강한 추측

Q: ¿Dónde está mi móvil? 내 핸드폰 어디에 있어?

A: Debe estar en el coche. 차에 있는 게 분명해.

② 절대 ~해서는 안 된다: 강한 금지

No debes fumar aquí. 너 이곳에서 담배 피우면 안 돼.

❸ Hay 동사

1. 무인칭 동사

· 동사 Hay(~이 있다)를 활용한 주요 표현

Q: ¿Qué hay sobre la mesa? 책상 위에는 무엇이 있나요?

A: Sobre la mesa hay un libro. 책상 위에는 책 한 권이 있습니다.

Q: ¿Qué hay en la calle? 길에는 무엇이 있나요?

A: Hay mucha gente en la calle. 길에는 많은 사람이 있습니다.

2. Hay 동사의 의무 표현

· Hay que: 누구라도 ~해야 한다.

Hay는 무인칭 동사이므로 Hay que는 공공의 의무를 의미합니다.

Hay que ayudar a los pobres. 빈곤한 사람들을 도와주어야 한다.

Hay que cuidar el medio ambiente. 자연 환경을 돌보아야 한다.

Hay que guardar silencio en una biblioteca. 도서관에서는 정숙해야 한다.

📖 상황별 예문

+ MP3를 들으며 따라 읽어 보세요. 🎧

➡ ¿Qué tienes que hacer hoy? 너 오늘 뭐 해야 돼?

➡ Hoy debo estudiar para un examen. 나는 오늘 시험을 위해 공부해야 돼.

➡ No debemos tirar la basura en la calle. 우리는 쓰레기를 길에 버려서는 안 됩니다.

➡ ¡Me llama mi madre! Deben ser las diez. 엄마가 나에게 전화를 하네! 10시인 게 분명해.

➡ Hay que hacer ejercicios todos los días. 매일 운동을 해야 한다.

1. Tener que, Deber, Hay 동사 중 알맞은 것을 고른 뒤, 필요 시 동사 변형하여 빈칸을 채우세요.

   ① Daniela _____ que estudiar mucho.

   ② Vosotras _____ limpiar la casa hoy.

   ③ Para mantener la salud, _____ que comer comida sana.

2. Deber 동사를 알맞게 변형하여 빈칸을 채우세요.

   ① Los niños no están en casa. _____ estar en la escuela.

   ② _____ ser tarde.

   ③ Tú no _____ aparcar aquí.

3. 의무 표현을 사용해 아래의 해석과 일치하도록 빈칸을 채우세요.

   Para aprender español,

   Ud. _____ _____.

   No _____.

   스페인어를 배우기 위해 당신은 매일 연습해야 합니다. 그 사실을 잊으면 안 됩니다.

1. ① tiene ② debéis ③ hay
2. ① deben ② Debe ③ debes
3. tiene que practicar, todos los días, debe olvidarlo

의무 표현

Tener que INF.	Deber INF.	Hay que INF.
개인의 의무	강한 의무, 강한 추측, 금지	일반적 의무(공공의 의무)
Tengo que estudiar.	Debo estudiar.	Hay que estudiar.

■ 오늘의 문장

+ Mp3를 들으며 오늘의 문장을 큰 소리로 따라 읽어 보세요. 🎧

오늘 나 스페인어 공부해야 돼.

Hoy tengo que estudiar español.

VOCABULARIO

limpiar 청소하다	móvil ⓜ 휴대 전화/움직일 수 있는	cuidar 보살피다, 돌보다
medio ambiente ⓜ 환경, 자연 환경	guardar 지키다, 보관하다	tirar 던지다, 버리다, 발사하다
basura ⓕ 쓰레기	aparcar 주차하다	

05 간접 & 직접 목적격 대명사 (1)

📁 오늘의 문장

내가 오늘 너에게 커피 한 잔 산다.

📁 오늘의 문법

❶ 목적어

- 우리말 어순: 주어 + 직접 목적어 + 간접 목적어 + 동사

나는	책 한 권을	후안에게	준다
[주어]	[직접 목적어]	[간접 목적어]	[동사]

- 스페인어 어순: 주어 + 동사 + 직접 목적어 + 간접 목적어

Yo	doy	un libro	a Juan
[주어]	[동사]	[직접 목적어]	[간접 목적어]

> **¡OJO!**
>
> ① 사물은 주로 직접 목적어로 취합니다.
>   - 사물은 전치사 a 없이 연결합니다.
>   Yo amo la música. 나는 음악을 사랑한다.
>   - 의인법이 사용된 문장에서는 동물과 사물에도 전치사 a를 쓸 수 있습니다.
>   Yo amo a mi perro. 나는 내 강아지를 사랑한다.
> ② 사람이 목적어인 경우 항상 전치사 a를 씁니다.
>   - 직접 목적어와 간접 목적어 모두 전치사 a가 필요합니다.
>   Yo escucho a la profesora. 나는 선생님의 말을 듣는다.
>   *이 문장에서 a la profesora는 간접 목적어가 아닌, 직접 목적어라는 것을 주의하세요!

❷ 목적격 대명사

1. 간접 목적격 대명사 [~에게]

a mí	me	a nosotros/as	nos
a ti	te	a vosotros/as	os
a él a ella a usted a Juan	le	a ellos a ellas a ustedes a mis padres	les

> Yo doy un libro a Juan. 나는 후안에게 책 한 권을 준다.
>
> Yo le doy un libro a Juan. 나는 그에게 책 한 권을 준다.

· 간접 목적어는 간접 목적격 대명사와 중복 표기하는 것이 일반적입니다. 문법적으로 반드시 지켜야 하는 것은 아니지만, 일반적으로 두 개를 같이 표기합니다. (동사의 행위가 향하는) 대상에 대한 정보를 동사 앞에 언급해야 하기 때문입니다.

> Yo doy dinero. 나는 돈을 준다.
>
> Yo doy dinero a mis hermanos. (X)
>
> Yo les doy dinero a mis hermanos. (O) 나는 내 형제들에게 돈을 준다.

· 간접 목적어는 생략 가능합니다.

> Yo te doy un libro a ti. 나는 너에게 책 한 권을 준다.
>
> Yo te doy un libro. 나는 너에게 책 한 권을 준다.
>
> *te를 통해 간접 목적어의 정보를 확인할 수 있으므로 a ti는 생략해도 괜찮습니다.
>
> Yo le doy un libro a Juan. 나는 후안에게 책 한 권을 준다.
>
> *le는 3인칭이므로 간접 목적어의 정보를 알 수 없습니다. 따라서 간접 목적격 대명사와 간접 목적어를 함께 표기하는 경우가 일반적입니다.
>
> Yo también le doy un libro. 나도 그에게 책 한 권을 준다.
>
> *간접 목적어가 3인칭이더라도 문맥을 통해 정보를 알고 있다면, 목적어 없이 목적격 대명사만으로 충분히 의미 전달이 가능합니다.

2. 직접 목적격 대명사 [~을/~를]

a mí	me	a nosotros/as	nos
a ti	te	a vosotros/as	os
a él a ella a usted a Juan	lo, la	a ellos a ellas a ustedes a mis padres	los, las

Yo amo a ti. 나는 너를 사랑한다.

Yo te amo a ti. 나는 너를 사랑한다.

· 1, 2인칭은 대화를 나누는 직접적인 대상이므로 대명사 표기가 우선입니다. 향하는 대상에 대한 정보를 동사 앞에 언급해야 하기 때문입니다.

Yo veo a ti. (X) ▶ Yo te veo. (O)

Yo veo a vosotros. (X) ▶ Yo os veo. (O)

· 3인칭은 목적어 표기가 우선입니다. 이미 문맥을 통해 목적어의 정보를 알고 있다면 목적어의 중복 사용을 피하기 위해 대명사로 표기합니다.

Yo la veo la película. (X) ▶ Yo veo la película. (O)

Tú también la ves. (O)

대명사 표기 훈련

· 주어는 Yo, 목적어가 Tú인 경우

Yo te presto dinero. 나는 너에게 돈을 빌려준다. [간접]

Yo te compro un libro. 나는 너에게 책 한 권을 사 준다. [간접]

Yo te quiero. 나는 너를 사랑한다. [직접]

Yo te invito. 나는 너를 초대한다. [직접]

· 주어는 Yo, 목적어가 Juan인 경우

　　Yo le presto dinero. 나는 그에게 돈을 빌려준다. [간접]

　　Yo le compro un libro. 나는 그에게 책 한 권을 사 준다. [간접]

　　Yo lo quiero. 나는 그를 사랑한다. [직접]

　　Yo lo invito. 나는 그를 초대한다. [직접]

· 주어는 Yo, 목적어가 Juana인 경우

　　Yo le presto dinero. 나는 그녀에게 돈을 빌려준다. [간접]

　　Yo le compro un libro. 나는 그녀에게 책 한 권을 사 준다. [간접]

　　Yo la quiero. 나는 그녀를 사랑한다. [직접]

　　Yo la invito. 나는 그녀를 초대한다. [직접]

¡OJO!

 스페인의 Leísmo

간접 목적격 대명사가 직접 목적격 대명사로 사용되는 스페인의 관습적 표현

· 남성이 직접 목적어일 때! 스페인에서는 '그에게'에 해당하는 le를 lo와 같은 의미로 사용하기도 합니다.

　　¿Conoces a Juan? 너는 후안을 아니?

　　Sí. Lo conozco. (O) 응. 나는 그를 알아.

　　Sí. Le conozco. (O) 응. 나는 그를 알아.

· 여성 혹은 사물이 직접 목적어일 때는 불가능!

　　¿Conoces a Juana? 너는 후아나를 아니?

　　Sí. Le conozco. (X)

　　Sí. La conozco. (O) 응. 나는 그녀를 알아.

+ MP3를 들으며 따라 읽어 보세요. 🎧

➡ Hoy es mi cumpleaños. Te invito a mi fiesta. 오늘은 내 생일이야. 너를 나의 파티에 초대할게.

➡ El profesor nos deja mucha tarea. 선생님은 우리에게 너무 많은 숙제를 내주신다.

➡ ¿Me prestas un bolígrafo, por favor? 너 나에게 펜 하나를 빌려주겠니?

➡ Les envío muchos mensajes a mis padres. 나는 나의 부모님에게 많은 문자를 보낸다.

➡ Tengo un amigo español y le veo cada fin de semana. 나는 스페인 친구가 한 명 있고, 그를 매주 본다.

■ QUIZ로 확인하기

1. 괄호의 목적어를 보고 빈칸에 알맞은 목적격 대명사를 쓰세요.

① Mis padres _____ llaman todos los días. [a mí]

② _____ veo mañana a las dos. [a ti]

③ La señora _____ da un pan. [a nosotros]

2. 우리말 해석을 보고 빈칸에 알맞은 목적격 대명사(le 혹은 lo)를 쓰세요.

① Tú _____ quieres mucho. 너는 그를 무척 좋아한다.

② Tú _____ dices la verdad. 너는 그에게 사실을 말한다.

③ Tú _____ buscas. 너는 그를 찾는다.

④ Tú _____ das tu número. 너는 그에게 네 번호를 준다.

3. 다음 대화 내용을 보고 빈칸에 알맞은 목적격 대명사(le 혹은 lo/la)를 쓰세요.

① ¿Conoces a Antonio?

Sí, _____ conozco.

② ¿Tienes mi libro?

No. No _____ tengo.

③ ¿Visitas mucho a tu abuela?

Sí, _____ visito mucho.

📖 오늘의 핵심

간접 & 직접 목적격 대명사

간접 목적격 대명사 [~에게]		직접 목적격 대명사 [~을/를]	
me	nos	me	nos
te	os	te	os
le	les	lo, la	los, las
주로 사람 목적어를 취급할 때 사용, 항상 (동사 앞) 대명사 표기가 우선!		1, 2인칭은 대명사 표기가 우선, 3인칭은 문맥상 중복일 때 대명사 표기	

+ Mp3를 들으며 오늘의 문장을 큰 소리로 따라 읽어 보세요. 🎧

내가 오늘 너에게 커피 한 잔 산다.

Hoy te compro un café.

cumpleaños ⓜ 생일	dejar 남기다, 두다	prestar 빌려주다
enviar 보내다	verdad ⓕ 사실, 진실	buscar 찾다

06 간접 & 직접 목적격 대명사 (2)

나에게 그것을 말해라.

❶ 간접 목적격 대명사 + 직접 목적격 대명사

1. 목적격 대명사의 순서

누구에게 [간접 목적어]	무엇을 [직접 목적어]

· 두 목적격 대명사가 문장에 함께 있는 경우, 항상 '간접 목적격 대명사 + 직접 목적격 대명사'의 순서를 따릅니다.

Yo compro un café. 나는 커피 한 잔을 산다.

Yo lo compro. 나는 그것을 산다.

Yo te compro un café. 나는 너에게 커피 한 잔을 산다.

Yo te lo compro. 나는 너에게 그것을 산다.

2. 1/2인칭에게 + 3인칭을

나, 너, 우리, 너희에게	그것(들)을
me	
te	
nos	lo, la, los, las
os	

3. 3인칭에게 + 3인칭을

그, 그녀, 그들, 그녀들에게	그것(들)을
le ▶ se	
les ▶ se	lo, la, los, las

· 3인칭 간접 목적격 대명사(le, les)가 3인칭 직접 목적격 대명사(lo, la, los, las)를 만나면 음가 충돌로 인해 'se'로 바뀝니다.

대명사 표기 훈련

① 나/너에게 + 그것(들)을

Q: ¿Quién te envía el mensaje? 누가 너에게 문자를 보내니?

A: Mi novia me envía el mensaje. 내 여자 친구가 나에게 문자를 보내.

Mi novia me lo envía. 내 여자 친구가 나에게 그것을 보내.

② 그/그녀에게 + 그것(들)을

Q: ¿Quién le regala un libro a tu mamá? 누가 너의 엄마에게 책 한 권을 선물하니?

A: Mi papá le regala un libro. 나의 아빠가 그녀에게 책 한 권을 선물해.

Mi papá se lo regala. 나의 아빠가 그녀에게 그것을 선물해.

③ 그/그녀에게 + 그것(들)을

Q: ¿Quién le regala una flor a tu mamá? 누가 너의 엄마에게 꽃 한 송이를 선물하니?

A: Mi papá le regala una flor. 나의 아빠가 그녀에게 꽃 한 송이를 선물해.

  Mi papá se la regala. 나의 아빠가 그녀에게 그것을 선물해.

❷ 목적격 대명사의 위치

1. 문장에 목적격 대명사가 하나인 경우

앞 변형 동사	Me compras un café. 너는 나에게 커피 한 잔을 산다.
앞 부정 명령	¡No me compres un café! 너 나에게 커피 한 잔을 사 주지 마!
원형 동사 뒤	Vas a comprarme un café. 너는 나에게 커피 한 잔을 살 것이다.
현재 분사 뒤	Estás comprándome un café. 너는 나에게 커피 한 잔을 사는 중이다.
긍정 명령 뒤	¡Cómprame un café! 너 나에게 커피 한 잔을 사!

2. 문장에 두 목적격 대명사가 함께 쓰인 경우

· Me compras un café.

앞 변형 동사	Me lo compras. 너는 나에게 그것을 산다.
앞 부정 명령	¡No me lo compres! 너 나에게 그것을 사 주지 마!
원형 동사 뒤	Vas a comprármelo. 너는 나에게 그것을 살 것이다.
현재 분사 뒤	Estás comprándomelo. 너는 나에게 그것을 사는 중이다.
긍정 명령 뒤	¡Cómpramelo! 너 나에게 그것을 사!

· Le compras un café a Juan.

앞 변형 동사	Se lo compras. 너는 그에게 그것을 산다.
앞 부정 명령	¡No se lo compres! 너 그에게 그것을 사 주지 마!
원형 동사 뒤	Vas a comprárselo. 너는 그에게 그것을 살 것이다.

현재 분사 뒤	Estás comprándoselo. 너는 그에게 그것을 사는 중이다.
긍정 명령 뒤	¡Cómpraselo! 너 그에게 그것을 사!

¡OJO!

- 원형 동사, 현재 분사, 명령형 뒤에 목적격 대명사가 오는 경우,
  원래의 강세 위치에 강세를 표기해야 합니다.
  comprar + se + lo → comprárselo
  comprando + te + la → comprándotela
  di + me + lo → dímelo

- 변형 동사와 원형 동사, 현재 분사가 함께 사용된 문장에서 두 개의 목적격 대명사는 변형 동사의 앞
  이나 원형 동사와 현재 분사의 뒤에 위치할 수 있습니다. 단, 두 목적격 대명사가 분리되어 위치하는
  것은 불가능합니다.
  Vas a llamarme. = Me vas a llamar.
  Estás viéndome. = Me estás viendo.
  Voy a dártelo. = Te lo voy a dar. ≠ Te voy a darlo.

📋 상황별 예문

+ MP3를 들으며 따라 읽어 보세요. 🎧

→ José tiene mi libro y no me lo da. 호세는 내 책을 가지고 있고, 나에게 그것을 주지 않는다.

→ Hoy lo voy a ver. Se lo digo yo. 나는 오늘 그를 볼 것이다. 나는 그에게 그것(그 사실)을
  말할 것이다.

→ Te está llamando Lucía. 루시아는 너에게 전화하는 중이다.

→ Mis amigos quieren venir a mi casa. ¿Puedo invitarlos? 내 친구들은 우리 집에 오고
  싶어 한다. 내가 그들을 초대해도 될까?

→ Perdóname. 나를 용서해 줘.

1. 괄호의 단어를 알맞게 배열하여 문장을 완성하세요.

① [prestas / le / coche / tu] → ¿_____ a tu amigo?

② [ayudar / puede / me] → Señora, ¿_____?

③ [des / lo / no / me] → ¡_____!

2. 다음 대화를 보고 우리말 해석에 맞게 작문해 보세요.

① A: ¿Quién te da dinero?

B: _____ 나의 부모님이 나에게 그것을 주셔.

② A: ¿Quién le da la comida a tu perro?

B: _____ 내가 그에게 그것을 줘.

③ A: ¿Quién les regala los chocolates a los niños?

B: _____ 나의 이모가 그들에게 그것들을 주셔.

3. 다음 중 목적격 대명사가 잘못 사용된 문장을 고르세요.

① Dile la verdad a tu amigo.

② Mis amigos pueden ayudarme.

③ Ana tiene un problema y no me quiere decirlo.

퀴즈 정답

1. ① Le prestas tu coche ② puede ayudarme/me puede ayudar
   ③ No me lo des
2. ① Mis padres me lo dan. ② Yo se la doy. ③ Mi tía se los regala.
3. ③ me quiere decirlo → quiere decírmelo/me lo quiere decir

간접 & 직접 목적격 대명사

me	nos		
te	os	+	lo, la, los, las
se	se		

목적격 대명사의 위치

변형 동사	앞
동사 원형/현재 분사	뒤
긍정 명령	뒤
부정 명령	앞

+ Mp3를 들으며 오늘의 문장을 큰 소리로 따라 읽어 보세요. 🎧

나에게 그것을 말해라.

Dímelo.

perdonar 용서하다, 면제하다   **prestar** 빌려주다   **regalar** 선물하다

verdad ⓕ 사실, 진실

재귀 동사

🗂 **오늘의 문장**

나는 항상 7시에 일어난다.

🗂 **오늘의 문법**

재귀 동사

1. 타동사의 원리

- 타동사: 목적어를 취하는 동사

  예 levantar 일어나게 하다, 일으키다

- 사물이 직접 목적어인 경우, 목적어를 동사 뒤에 위치시킵니다.

  예 Yo levanto la mesa. 나는 테이블을 일으킨다.

- 사람이 직접 목적어인 경우, 목적격 대명사로 동사 앞에 위치시킬 수 있습니다.

  예 Yo te levanto. 나는 너를 일으킨다.

2. 재귀 동사의 원리

- 재귀 동사는 타동사가 자기 자신을 목적어로 취하는 동사입니다.

  예 levantarse 일어나다

- 재귀 동사 중 나 스스로를 직접 목적어로 취하면 '직접 재귀'라고 부릅니다.

  예 Yo me levanto. 나는 나를 일으킨다. → 나는 일어난다.

- 재귀 동사 중 나 스스로를 간접 목적어로 취하면 '간접 재귀'라고 부릅니다.

  예 lavar las manos a alguien 손을 씻겨 주다

  Yo te lavo las manos. 나는 너에게 손을 씻겨 준다.

  예 lavarse las manos 손을 씻다

  Yo me lavo las manos. 나는 나에게 손을 씻겨 준다. → 나는 손을 씻는다.

타동사와 재귀 동사 비교

· 타동사: 주어 ≠ 목적어

· 재귀 동사: 주어 = 목적어

*재귀 동사는 '주어가 자기 자신을 …하다', '주어가 자기 자신에게 …하다'라고 해석합니다.

3. 재귀 대명사

a mí	me	a nosotros/as	nos
a ti	te	a vosotros/as	os
a él, a ella a usted a Juan	se	a ellos, a ellas a ustedes a mis padres	se

· 타동사에 재귀 대명사를 붙여 재귀 동사를 만들 수 있습니다.

예 mirar 보다, 바라보다 + se ▶ mirarse 자신의 모습을 보다

Tú me miras. 너는 나를 본다.   [직접 목적격 대명사 me]

Yo me miro. 나는 나를 본다.   [재귀 대명사 me]

Yo lo miro. 나는 그를 본다.   [직접 목적격 대명사 lo]

Él se mira. 그는 그를 본다.   [재귀 대명사 se]

재귀 동사 변형 훈련

· levantarse: 일어나다

me levanto	nos levantamos
te levantas	os levantáis
se levanta	se levantan

Q: ¿A qué hora te levantas? 너는 몇 시에 일어나니?

A: Me levanto a las 8. 나는 8시에 일어나.

Q: ¿A qué hora os levantáis? 너희는 몇 시에 일어나니?

B: Nos levantamos a las 10. 우리는 10시에 일어나.

Q: ¿A qué hora se levanta Juan? 후안은 몇 시에 일어나니?

C: Juan se levanta tarde. 후안은 늦게 일어나.

· ponerse: 몸에 (무언가를) 걸치다

me pongo	nos ponemos
te pones	os ponéis
se pone	se ponen

Q: ¿Qué te pones? 너는 무엇을 입어?

A: Me pongo el abrigo. 나는 외투를 입어.

Q: ¿Qué os ponéis? 너희는 무엇을 입어?

B: Nos ponemos los zapatos. 우리는 신발을 신어.

Q: ¿Qué se pone Juan? 후안은 무엇을 입어?

C: Juan se pone las gafas. 후안은 안경을 써.

4. 재귀 대명사의 활용

(1) 상호의 재귀 동사

복수의 주어가 서로를 목적어로 취할 때 재귀 대명사를 활용해 상호의 의미를 표현합니다.

· ver(se): 서로가 서로를 보다

  Nos vemos. 우리는 서로를 본다. = 우리는 만난다.

· saludar(se): 서로가 서로에게 인사하다

  Nos saludamos. 우리는 서로 인사한다.

· querer(se): 서로가 서로를 좋아하다

  Nos queremos. 우리는 서로 좋아한다.

(2) 강조의 재귀 동사

재귀 대명사를 활용해 동사의 의미를 강조할 수 있으며, 이때 동사의 의미가 변합니다.

· dormir 자다 ▶ dormirse 잠들다

  Duermo 8 horas. 나는 8시간을 잔다.

  Me duermo a las 8. 나는 8시에 잠에 든다.

· ir 가다 ▶ irse 가 버리다

Voy a la escuela en coche. 나는 차로 학교에 간다.

Me voy a la escuela. 나는 학교에 가 버린다. = 학교로 떠난다.

*irse의 경우 '떠나다/자리를 뜨다'의 뉘앙스로 자주 쓰입니다.

· comprar 사다 ▶ comprarse 사 버리다

Compro un móvil mañana. 나는 내일 핸드폰 하나를 산다.

Me compro este móvil. 나는 이 핸드폰을 사 버린다.

5. 재귀 대명사의 위치

앞 변형 동사	Te levantas. 너는 일어난다.
앞 부정 명령	¡No te levantes! 너 일어나지 마!
원형 동사 뒤	Vas a levantarte. 너는 일어날 것이다.
현재 분사 뒤	Estás levantándote. 너는 일어나는 중이다.
긍정 명령 뒤	¡Levántate! 너 일어나!

📋 상황별 예문

+ Mp3를 들으며 따라 읽어 보세요. 🎧

➡ Siempre te miras en el espejo. 너는 항상 거울로 너를 비춰본다. = 거울을 본다.

➡ Las chicas se pintan las uñas. 그 여자들은 매니큐어를 바른다.

➡ Me pongo las gafas de sol. 나는 선글라스를 낀다.

➡ Juan y María se quieren mucho. 후안과 마리아는 서로 정말 사랑한다.

➡ Quiero lavarme las manos. 나는 손을 씻고 싶다.

1. 다음 중 재귀 동사 구조의 문장을 고르세요.

① Mi amigo me llama por teléfono.

② El novio de Sara la quiere muchísimo.

③ Nos ponemos la chaqueta porque hace mucho frío.

2. 우리말 해석을 보고 빈칸에 알맞은 재귀 대명사를 쓰세요.

① Luis _____ levanta muy tarde. 루이스는 매우 늦게 일어난다.

② Yo _____ ducho antes de dormir. 나는 자기 전에 샤워한다.

③ ¡_____ vemos mañana! 우리 내일 봐!

3. 다음 중 재귀 대명사가 잘못 사용된 문장을 고르세요.

① Los niños duermen en su habitación.

② ¡Son las ocho! Tengo que levantarse.

③ Mi padre y yo nos hablamos mucho.

퀴즈 정답

1. ③
2. ① se ② me ③ Nos
3. ② Tengo que levantarse. → Tengo que levantarme.

재귀 동사

1. 재귀 동사의 원리

(1) 주어 = 목적어

(2) 재귀 대명사 + 타동사

· 재귀 대명사

me	nos
te	os
se	se

2. 재귀 동사의 유형

(1) 직접 재귀: 자기 스스로를 …하다

Me caso. 나는 결혼한다.

Te casas. 너는 결혼한다.

Se casa. 그/그녀/당신은 결혼한다.

(2) 간접 재귀: 자기 스스로에게 ~를 …하다

(3) 상호의 재귀: 서로가 서로를 …하다

(4) 강조의 재귀: …해 버리다

➕ Mp3를 들으며 오늘의 문장을 큰 소리로 따라 읽어 보세요. 🎧

나는 항상 7시에 일어난다.

Siempre me levanto a las siete.

móvil ⓜ 휴대 전화 / 움직일
    수 있는

habitación ⓕ 방

uña ⓕ 손톱, 발톱

chaqueta ⓕ 재킷

08 역구조 동사

오늘의 문장

나 발 아파~!

오늘의 문법

역구조 동사

1. 스페인어의 기본 문형

(1) 주어 + 동사 + 목적어

· 스페인어는 기본적으로 '주어 + 동사 + 목적어' 어순을 따릅니다. 직접 목적어가 사물이라면 동사
뒤에 위치합니다.

Yo 나는	quiero 원한다	un café 한 잔의 커피를
주어	동사	직접 목적어

*querer 동사에 사물이 직접 목적어로 오면 '(무언가를) 원하다, 바라다'를 의미합니다.

(2) 주어 + 목적격 대명사 + 동사

· 직접 목적어가 사람이면 대명사의 형태로 동사 앞에 위치합니다.

Yo 나는	te 너를	quiero 좋아한다
주어	직접 목적격 대명사	동사

*querer 동사에 사람이 직접 목적어로 오면 '(누군가를) 좋아하다, 사랑하다'를 의미합니다.

2. 역구조 동사의 원리

(1) gustar 동사

- gustar 동사는 '즐거움을 주다, 마음에 들다'를 의미합니다. '좋아하다'의 의미는 아니므로 Yo gusto… 는 틀린 문장입니다.
  Yo gusto la música. (X)

- gustar 동사가 사용된 문장에서 '나'는 주어가 아닌 간접 목적어입니다. 간접 목적어는 항상 목적격 대명사의 형태로 표기합니다. 또한 간접 목적격 대명사는 문장의 맨 앞에 위치합니다.

me 나에게	gusta 즐거움을 준다	la música 음악은
간접 목적격 대명사	동사	주어

*문법적 주어는 la música이지만, 간접 목적어는 '나'라는 것을 기억하세요.

- gustar 동사는 문법적 주어에 맞추어 동사 변형합니다. 하지만 역구조 동사로 자주 쓰이는 변화형은 3인칭 gusta와 gustan입니다. 주어가 단수라면 gustar 동사는 3인칭 단수로 변형합니다.

간접 목적격 대명사	gustar 동사 (3인칭 단수)	주어 (단수)
Me		
Te		el café 커피
Le		la playa 바다
Nos	gusta	España 스페인
Os		Juan 후안
Les		bailar 춤추기

*gustar 동사를 사람에 사용하면 '이성적으로 마음에 들다, 좋아하다'의 의미입니다.

- 주어가 복수면 gustar 동사 역시 복수로 변형합니다.

간접 목적격 대명사	gustar 동사 (3인칭 복수)	주어 (복수)
Me		
Te		los chocolates 초콜릿들
		las flores 꽃들
Le		las manzanas 사과들
	gustan	las películas de terror
Nos		공포 영화들
Os		los españoles 스페인 사람들
Les		

역구조 동사 표현 유의 사항

- 간접 목적격 대명사는 반드시 표기해야 합니다. 목적어와 목적격 대명사의 중복 표기는 가능하지만, 목적어만 표기하는 것은 불가능합니다.

    A mí gusta el libro. (X) ▶ Me gusta el libro. (O) 나는 책을 좋아한다.

    Gusta el libro a Juan. (X) ▶ Le gusta el libro a Juan. (O) 후안은 책을 좋아한다.

- Mucho는 gustar 동사를 수식하므로 동사 뒤에 위치합니다.

    Me gusta mucho el libro. 나는 책을 정말 좋아한다.

- 주어가 동사 원형일 경우 항상 3인칭 단수 'gusta'로 변형합니다. 동사 여러 개가 주어로 오더라도 항상 3인칭 단수 변형한다는 점을 주의하세요.

    Me gusta cocinar, leer y pintar. 나는 요리하기, 책 읽기, 그림 그리기를 좋아한다.

- 주격 인칭 대명사는 문법적 주어의 역할을 할 때만 사용할 수 있습니다.

    Yo me gusta el libro. (X) ▶ A mí me gusta el libro. (O) 나는 책을 좋아한다.
    *목적어와 대명사를 중복 표기하면, 강조의 뉘앙스가 있습니다.

    A María le gusta el libro. 마리아는 책을 좋아한다.
    *3인칭의 경우, 목적어와 대명사를 중복 표기하여 목적어에 대한 정보 전달이 가능합니다.

    ¿Y tú? (X) ¿Y te? (X)
    *'너'가 주어가 아니므로 위와 같이 질문할 수 없습니다. yo, tú, él 주격 대명사는 문장의 '주어'일 때만 사용할 수 있습니다. 또한 대명사는 항상 동사와 함께 사용해야 하므로 대명사만으로 질문하는 것은 틀립니다.

Q: ¿Y a ti? 너에게는?

A: Sí. Yo también. (X) Sí. Me también. (X) ▶ Sí. A mí también. (O) 응. 나에게도 그러해.

B: No. A mí no me gusta. (O) 아니. 나에게는 그러하지 않아.

gustar 동사 변형 훈련

Q: ¿Qué te gusta? 너는 무엇을 좋아해?

A: Me gustan las fiestas. 나는 파티를 좋아해.

Q: ¿Qué color te gusta? 너는 어느 색을 좋아하니?

A: Me gusta el color rojo. 나는 빨간색을 좋아해.

*¿Qué + 명사 + te gusta? 구조를 활용해 '너는 어떤 ~을 좋아하니?'라고 질문할 수 있습니다.

Q: ¿Te gusta nadar? 너 수영하는 거 좋아해?

A: Sí. Me gusta nadar. 응. 나는 수영하는 거 좋아해.

Q: ¿Qué te gusta hacer? 너는 뭐 하는 거 좋아해?

A: A mí me gusta leer y cocinar. 나는 독서와 요리를 좋아해.

*¿Qué + te gusta + 동사 원형? 구조를 활용해 '너는 무엇을 ~하는 것을 좋아하니?'라고 질문할 수 있습니다.

(2) doler 동사

· doler 동사는 '아프게 하다'라는 뜻입니다. '아프다'를 의미하는 것이 아니므로 Yo duelo… 는 틀린 문장입니다.

  Yo duelo la cabeza. (X)

· doler 동사 역시 문법적 주어에 맞추어 동사 변형하므로 자주 쓰이는 변화형은 3인칭 duele와 duelen입니다. 주어가 단수라면 doler 동사는 3인칭 단수로 변형합니다.

  Me duele la cabeza. 머리가 나를 아프게 한다. = 나는 머리가 아프다.

  Me duele la nariz. 나는 코가 아프다.

  Me duele el estómago. 나는 배가 아프다.

  Me duele la garganta. 나는 목이 아프다.

· 주어가 복수라면 doler 동사는 3인칭 복수로 변형합니다.

  Me duelen los ojos. 나는 눈들이(두 눈이) 아프다.

  Me duelen las rodillas. 나는 무릎들이 아프다.

  Me duelen los pies. 나는 발들이(두 발이) 아프다.

  Me duelen los dedos. 나는 손/발가락들이 아프다.

doler 동사 변형 훈련

Q: ¿Qué te duele? 너 어디 아파?

A: Me duele la cabeza. = Tengo dolor de cabeza. 나 머리 아파.

B: Me duele el estómago. = Tengo dolor de estómago. 나 배 아파.

C: Me duelen los pies. 나 발들이(두 발이) 아파.

📁 상황별 예문

+ MP3를 들으며 따라 읽어 보세요. 🎧

➡ Me gusta mucho el otoño. 나는 가을을 정말 좋아한다.

➡ A mis padres les gusta el verano. 나의 부모님은 여름을 좋아한다.

➡ ¿Te gusta salir por la noche? 너는 밤에 나가서 노는 거 좋아하니?

➡ Me duele mucho la garganta. 나는 목이 정말 아프다.

➡ A José le duelen las rodillas. 호세는 무릎이 아프다.

📅 QUIZ로 확인하기

1. 빈칸에 알맞은 목적격 대명사를 넣으세요.

① A mis amigos _____ gusta jugar al fútbol.

② ¿A vosotros _____ gusta la paella?

③ A la profesora _____ gustan las rosas.

2. Gustar 동사를 알맞게 변형하여 빈칸을 채우세요.

① Me _____ mucho los caramelos.

② A nosotros nos _____ la playa.

③ ¿Te _____ ir al cine?

3. Doler 동사를 알맞게 변형하여 빈칸을 채우세요.

① Me _____ la espalda.

② ¿Te _____ los pies?

③ Nos _____ la garganta.

📅 오늘의 핵심

역구조 동사

1. 역구조 동사의 어순

me	nos	
te	os	+ 3인칭 단수 동사 + 단수 주어 + 3인칭 복수 동사 + 복수 주어
le	les	

2. 많이 쓰이는 역구조 동사

(1) Gustar: 나에게 좋게 하다 OO가. = 나는 OO를 좋아한다.

(2) Doler: 나에게 아프게 하다 OO가. = 나는 OO가 아프다.

✛ Mp3를 들으며 오늘의 문장을 큰 소리로 따라 읽어 보세요. 🎧

나 발 아파~!

¡Me duelen los pies!

VOCABULARIO

paella ⒡ 파에야 요리	caramelo ⓜ 사탕, 캐러멜	espalda ⒡ 등, 후면

09 현재 완료 (1)

📖 오늘의 문장

나는 오늘 영화를 한 편 봤어.

📖 오늘의 문법

현재 완료

1. 동사 변형

Haber 현재 시제	과거 분사 [P.P.]	
He	규칙형	
Has	-ar ▶ -ado	cantar ▶ cantado
Ha	-er, -ir ▶ -ido	beber ▶ bebido
Hemos	불규칙형	
Habéis	-to, -cho	hacer ▶ hecho
Han		ver ▶ visto

- 스페인어의 완료형은 '조동사 Haber + 과거 분사'를 활용해 만들 수 있습니다. 조동사 Haber 를 현재 시제로 변형하면 현재 완료 시제가 됩니다.

* '~있다/없다'를 표현할 때 haber를 사용하는데 haber 동사의 3인칭 단수형은 'ha'이지만, '~있다/없다'를 표현할 때 는 발음상의 편의를 위해 'hay'를 사용합니다.

- 스페인어의 완료형에서 조동사는 항상 haber의 변형으로 사용하며 행위의 내용은 과거 분사 (participio pasado)를 통해 표현합니다.

・ 그 외 과거 분사 불규칙형: escribir → escrito, poner → puesto, abrir → abierto, volver → vuelto, romper → roto, decir → dicho

동사 변형 훈련

cantar 노래하다	beber 마시다	hacer 하다, 만들다	ver 보다
he cantado	he bebido	he hecho	he visto
has cantado	has bebido	has hecho	has visto
ha cantado	ha bebido	ha hecho	ha visto
hemos cantado	hemos bebido	hemos hecho	hemos visto
habéis cantado	habéis bebido	habéis hecho	habéis visto
han cantado	han bebido	han hecho	han visto

¡OJO!

・ 완료형의 과거 분사는 성, 수 일치를 하지 않습니다.

　María ha cerrado la ventana. 마리아는 창문을 닫았다.

・ 형용사로 활용된 과거 분사는 성, 수 일치를 합니다.

　La ventana está cerrada. 그 창문은 닫혀 있다.

・ 조동사만으로 대답할 수 없습니다.

　¿Has comido? 너 밥 먹었어?

　Sí, he comido. 응, 나는 먹었어.

　*영어처럼 조동사(haber)만으로 대답하는 것은 틀립니다. Sí, he. (X) Sí. (O)

2. 용법

(1) ~했다

・ 현재까지 영향을 주는 사실

　*현재 완료 역시 과거 시제임을 기억하세요! 과거 시제는 행위가 완료된 시점이 중요하며, 과거에 완료되었으나 현재까지 영향을 미치는 사실을 표현하는 것이 현재 완료 시제입니다. 그러므로 현재 완료 시제에는 '조금 전에/지금 막 ~했다'의 뉘앙스가 담겨 있습니다.

　Él ha comido. 그는 밥을 먹었다. (조금 전에 밥을 먹었고 아직도 배가 부른 상태)

　Él ha llegado. 그는 도착했다. (조금 전에 도착해서 아직 도착한 곳에 있는 상황)

Él ha salido. 그는 나갔다. (조금 전에 나가서 현재 부재 중인 상태)

· 현재로부터 가까운 과거 시점의 시간 표현과 함께 쓰입니다.

현재와 가까운 시간 표현

hoy 오늘

este + lunes, mes, año··· 이번 월요일, 이번 달, 올해 ···

esta + mañana, tarde, semana··· 오늘 아침, 오늘 오후, 이번 주 ···

estos + días··· 요즘에 ···

estas + semanas, vacaciones··· 최근 몇 주, 이번 휴가 ···

hace un momento/un rato 조금 전에

últimamente/recientemente 최근에

¡OJO!

 시제 비교

· 하나의 같은 사건을 표현하는 두 가지 과거 시제

Este mes Juan ha tenido un accidente. 이번 달에 후안은 사고를 하나 겪었다.

→ 현재 완료 시제를 사용해 사고를 가까운 시점의 사건으로 표현

La semana pasada Juan tuvo un accidente. 지난주에 후안은 사고를 하나 겪었다.

→ 단순 과거 시제를 사용해 사고를 현재와 단절된 사건으로 표현

동사 변형 훈련

Q: ¿Has comido? 너 밥 먹었어?

A: Sí, he comido. 응, 나는 먹었어.

B: No, no he comido. 아니, 나는 안 먹었어.

Q: ¿Qué has comido? 너 뭐 먹었어?

A: He comido una hamburguesa. 나 햄버거 하나 먹었어.

Q: ¿Has estudiado? 너 공부했어?

A: Sí, he estudiado. 응, 나는 공부했어.

B: No, no he estudiado. 아니, 나는 공부 안 했어.

Q: ¿Qué has estudiado? 너 뭐 공부했어?

A: He estudiado español. 나 스페인어 공부했어.

Q: ¿Qué has hecho hoy? 너 오늘 뭐 했어?

A: Esta mañana he desayunado en casa. 나 오늘 오전에 집에서 아침 먹었어.

B: Esta tarde he almorzado con mis amigos. 나 오늘 오후에 친구들과 점심 먹었어.

상황별 예문

+ MP3를 들으며 따라 읽어 보세요. 🎧

➡ Hoy he jugado al fútbol. 오늘 나는 축구를 했다.

➡ Esta mañana ha llovido mucho. 오늘 아침에 비가 정말 많이 왔다.

➡ Mis padres han comprado una casa. 나의 부모님은 집을 한 채 샀다.

➡ Raúl ha vuelto del viaje. 라울은 여행에서 돌아왔다.

➡ ¡Dios mío! He perdido mi móvil. 맙소사! 내 핸드폰을 잃어버렸어.

QUIZ로 확인하기

1. 현재 완료 시제가 되도록 조동사 haber를 알맞게 변형하여 빈칸을 채우세요.

① Yo _____ comprado un café.

② Ana _____ llegado hace un rato.

③ Los estudiantes _____ tenido una clase.

2. 우리말 해석을 보고 빈칸에 알맞은 현재 완료형의 동사를 채우세요.

① Nosotros _____ _____ una cerveza. 우리는 맥주 한 병을 마셨다.

② ¿_____ _____ la película? 너는 그 영화를 봤니?

③ Vosotros _____ _____ tarde. 너희는 늦게 도착했다.

3. 현재 완료 시제를 사용해 아래의 해석과 일치하도록 작문해 보세요.

_____ un día excelente.

_____

_____

오늘 나는 아주 훌륭한 하루를 보냈다.
나는 친구들을 만났고 우리는 영화 한 편을 봤다.
나는 저녁을 먹지 않았지만 피자를 한 판 샀다.

1. ① he ② ha ③ han
2. ① hemos tomado/bebido ② Has visto ③ habéis llegado
3. Hoy he tenido, He salido con mis amigos y nosotros hemos visto una película. No he cenado pero he comprado una pizza.

📁 BONUS TRACK!

+ 아래 표를 통해 현재 완료 시제의 동사 변형을 연습해 보세요!

	hablar 말하다	bailar 춤추다	vender 팔다	dormir 자다
yo				
tú				
él/ella/usted				
nosotros/as				
vosotros/as				
ellos/ellas/ ustedes				

📓 오늘의 핵심

현재 완료

1. 동사 변형

haber [현재 시제] + P.P.	
he	
has	comprado
ha	vendido
hemos	dicho
habéis	escrito
han	

2. 용법

(1) ~ 했다: (심리적으로) 가까운 과거, 현재에 영향을 주는 과거

· hoy, este/a/os/as + 명사 등 시간 표현이 함께 쓰이면 현재 완료 시제를 사용

📓 오늘의 문장

+ Mp3를 들으며 오늘의 문장을 큰 소리로 따라 읽어 보세요. 🎧

나는 오늘 영화를 한 편 봤어.

Hoy he visto una película.

10 현재 완료 (2)

당신은 아르헨티나에 가 본 적이 있나요?

현재 완료

1. 동사 변형

Haber 현재 시제	과거 분사 [P.P.]	
He	규칙형	
Has	-ar ▶ -ado	cantar ▶ cantado
Ha	-er, -ir ▶ -ido	beber ▶ bebido
Hemos	불규칙형	
Habéis	-to, -cho	hacer ▶ hecho
Han		ver ▶ visto

동사 변형 훈련

Q: ¿Has estudiado? 너 공부했어?

A: Sí, he estudiado. 응, 나는 공부했어.

B: No, no he estudiado. 아니, 나는 공부 안 했어.

Q: ¿Qué has estudiado? 너 뭐 공부했어?

A: He estudiado español. 나 스페인어 공부했어.

2. 용법

(1) ~했다

· 현재까지 영향을 주는 사실

· 현재로부터 가까운 과거 시점의 시간 표현과 함께 쓰입니다.

현재와 가까운 시간 표현

hoy 오늘

este + lunes, mes, año··· 이번 월요일, 이번 달, 올해 ···

esta + mañana, tarde, semana··· 오늘 아침, 오늘 오후, 이번 주 ···

estos + días··· 요즘에 ···

estas + semanas, vacaciones··· 최근 몇 주, 이번 휴가 ···

hace un momento/un rato 조금 전에

últimamente/recientemente 최근에

(2) ~해 왔다

· 현재까지 이어온 지속

*현재 완료 시제는 과거에 시작된 사건이 현재까지 이어져 오고 있다는 의미를 가지기도 합니다. 이런 경우, 문장에 'hasta ahora (지금까지)'의 의미가 내포되어 있다고 생각하면 됩니다.

Este mes hemos trabajado mucho. 우리는 이번 달에 일을 많이 해 왔다.
[이번 달 시작부터 지금까지]

¡Hola! ¿Cómo has estado? 안녕! 너 어떻게 지냈어? [과거부터 지금까지]

Mi abuelo siempre ha fumado. 나의 할아버지는 항상 흡연을 해 오셨다. [지금까지 늘, 항상]

(3) ~해 봤다

· 현재까지 이어온 경험

· 함께 사용하는 시간 표현의 부사: alguna vez(언젠가), nunca(한 번도 …이 아니다)

*지금까지 살아 오면서 어느 때의'를 의미하는 '언젠가'는 특정 시점이 아닙니다. 이를 통해 현재 완료 시제의 특징을 확인할 수 있는데, 현재 완료는 특정 시점을 시간 표현으로 사용하지 않는다는 것입니다. '지금까지'의 뉘앙스라는 것을 기억하세요!

Q: ¿Alguna vez has estado en España? 너 언젠가 스페인에 가 본(있어 본) 적 있어?

A: Sí, he estado en España. 응, 나 스페인에 가 본 적 있어.

B: No, nunca he estado en España. 아니, 나 스페인에 가 본 적 없어.

Q: ¿Alguna vez has probado la paella? 너 언젠가 파에야 먹어 본 적 있어?

A: Sí, la he probado. 응, 난 그거 먹어 본 적 있어.

B: No, nunca la he probado. 아니, 난 그거 먹어 본 적 없어.

¡OJO!

🔍 **시간 표현의 사용**

· 나는 지난달에 스페인에 가 봤다.
El mes pasado he ido a España. (X) ▶ El mes pasado fui a España. (O)

*현재 완료 시제는 특정 시점을 나타내는 시간 표현과 함께 사용할 수 없습니다.

📦 상황별 예문

+ Mp3를 들으며 따라 읽어 보세요. 🎧

➡ Han trabajado mucho para comprar una casa. 그들은 집 한 채를 사기 위해 열심히 일해 왔다.

➡ He coleccionado las monedas de todo el mundo. 나는 전세계의 동전들을 수집해 왔다.

➡ Daniel ha hecho ejercicios todos los días y ha bajado 5 kilos. 다니엘은 매일 운동을 했고 5킬로를 감량했다.

➡ ¿Has fumado alguna vez? 너는 언젠가 흡연해 본 적 있어?

➡ Nunca he estado en un desierto. 나는 한 번도 사막에 있어 본 적 없다.

1. 현재 시제의 문장들을 현재 완료 시제로 바꿔 보세요.

① José estudia. → _____

② Vosotros trabajáis. → _____

③ Tú no ves la televisión. → _____

2. 경험을 묻는 질문에 대해 알맞게 대답해 보세요.

① ¿Has comido los tacos alguna vez? _____

② ¿Has perdido tu móvil alguna vez? _____

③ ¿Has viajado a Latinoamérica alguna vez? _____

3. 다음 중 현재 완료 시제가 잘못 사용된 문장을 고르세요.

① Los abuelos de José ha tomado cerveza.

② La niña ha comida una tarta.

③ Mis amigos y yo hemos escrito un texto.

1. ① José ha estudiado. ② Vosotros habéis trabajado.
   ③ Tú no has visto la televisión.
2. ① Sí, he comido(probado) los tacos. / No, nunca he comido(probado) los tacos.
   ② Sí, he perdido mi móvil. / No, nunca he perdido mi móvil.
   ③ Sí, he viajado a Argentina. / No, nunca he viajado a Latinoamérica.
3. ① ha → han ② comida → comido

+ 아래 표를 통해 현재 완료 시제의 동사 변형을 연습해 보세요!

	hacer 하다, 만들다	poner 놓다, 두다	romper 깨뜨리다, 찢다	decir 말하다
yo				
tú				
él/ella/usted				
nosotros/as				
vosotros/as				
ellos/ellas/ ustedes				

오늘의 핵심

현재 완료

1. 동사 변형

haber [현재 시제] + P.P.	
he	
has	comprado
ha	vendido
hemos	dicho
habéis	escrito
han	

2. 용법

(1) ~ 했다: (심리적으로) 가까운 과거, 현재에 영향을 주는 과거

· hoy, este/a/os/as + 명사 등 시간 표현과 함께 사용

(2) ~해 왔다: 현재까지 지속

· siempre(늘, 항상), hasta ahora(지금까지)

(3) ~해 봤다: 현재까지의 경험

· alguna vez(언젠가), nunca(한 번도 …이 아니다)

🗓 오늘의 문장

+ Mp3를 들으며 오늘의 문장을 큰 소리로 따라 읽어 보세요. 🎧

> ### 당신은 아르헨티나에 가 본 적이 있나요?
> ### ¿Usted alguna vez ha ido a Argentina?

VOCABULARIO

probar 시험하다, 테스트하다, 먹어 보다	**coleccionar** 모으다, 수집 하다	**bajar** 내리다, 내려가다
desierto ⓜ 사막 / 무인의, 황량한, 사람이 살 지 않는	**perder** 분실하다, 잃다, 지다	**tarta** ⓕ 케이크

11 단순 과거 (1)

📅 오늘의 문장

나 어제 친구들 만났어.

📅 오늘의 문법

단순 과거

1. 단순 과거의 개념

A: 너 어제 뭐 했어?

B: 나 어제 학교 갔어!

· 단순 과거 시제는 '~했다'라고 해석하며, 과거에 완료된 단발적인 행위를 나타내므로 '완료, 단발'
  의 키워드를 갖습니다.

2. 동사 변형

규칙 변형

-ar	-er, -ir
é	í
aste	iste
ó	ió
amos	imos
asteis	isteis
aron	ieron

규칙 변형 훈련(1)

hablar 말하다	comer 먹다	vivir 살다
hablé	comí	viví
hablaste	comiste	viviste
habló	comió	vivió
hablamos	comimos	vivimos
hablasteis	comisteis	vivisteis
hablaron	comieron	vivieron

estudiar 공부하다	beber 마시다	salir 나가다
estudié	bebí	salí
estudiaste	bebiste	saliste
estudió	bebió	salió
estudiamos	bebimos	salimos
estudiasteis	bebisteis	salisteis
estudiaron	bebieron	salieron

규칙 변형 훈련(2)

Q: ¿Estudiaste? 너 공부했어?

A: Sí, estudié. 응, 나 공부했어.

Q: ¿Qué estudiaste? 너 뭐 공부했어?

A: Estudié español. 나 스페인어 공부했어.

Q: ¿Comiste? 너 밥 먹었어?

B: Sí, comí. 응, 나 밥 먹었어.

Q: ¿Qué comiste? 너 뭐 먹었어?

B: Comí un pan. 나 빵 한 개를 먹었어.

¡OJO!

 철자상 변형

① 1인칭 단수

-car	-gar	-zar
[c → qu]	[g → gu]	[z → c]
tocar 만지다	jugar 놀다	empezar 시작하다
tocé (X)	jugé (X)	empezé (X)
toqué (O)	jugué (O)	empecé (O)
tocaste	jugaste	empezaste
tocó	jugó	empezó

② 3인칭 Y

-er, -ir 어간 모음 동사	
leer 읽다	oír 듣다
leí	oí
leíste	oíste
leyó	oyó
leímos	oímos
leísteis	oísteis
leyeron	oyeron

3. 용법

· 단순 과거 시제는 특정 과거 시점에 완료된 일을 표현합니다.

Él llegó. 그는 (특정 과거 시점에) 도착했다.

Él comió. 그는 (특정 과거 시점에) 식사를 했다.

Él salió. 그는 (특정 과거 시점에) 나갔다.

· 과거에 완료된 시간 표현과 함께 사용합니다.

과거에 완료된 시간 표현

ayer 어제 anoche 어젯밤에 anteayer 그저께 anteanoche 그저께 밤에

el 명사 pasado 예 el lunes pasado 지난 월요일에

la 명사 pasada 예 la semana pasada 지난주에

특정 시간/날짜/요일/연도 예 a las tres 세 시에 el 10 de junio 6월 10일에 en 2000 2000년에

Él llegó a Corea en junio. 그는 6월에 한국에 도착했다.

Él comió conmigo el sábado pasado. 그는 지난주 토요일에 나와 함께 식사를 했다.

Él salió a las dos. 그는 두 시에 나갔다.

· 과거 사건들의 연속적 나열이 가능합니다.

Él llegó, comió y salió. 그는 도착했고, 식사를 한 후에 나갔다.

+ Mp3를 들으며 따라 읽어 보세요. 🎧

➡ ¿Estudiasteis ayer? 너희들은 어제 공부를 했니?

➡ Anoche salí con mis amigos. 나는 어젯밤에 친구들과 외출했다.

➡ Juan leyó Don Quijote el mes pasado. 후안은 지난달에 돈키호테를 읽었다.

➡ ¿En qué año naciste? 너는 몇 년도에 태어났니?

➡ Raúl y Mónica volvieron del viaje el fin de semana pasado. 라울과 모니카는 지난 주말에 여행에서 돌아왔다.

■ QUIZ로 확인하기

1. 괄호의 동사를 단순 과거 시제로 변형하세요.

① Yo _____ un café. [tomar]

② _____ mucho. [llover]

③ Ellos no _____ el banco. [abrir]

2. 괄호의 동사를 보고 문장의 문법적 오류를 찾아 바르게 수정하세요.

① Ayer tocé el piano. [tocar]

② Anteayer jugé al tenis. [jugar]

③ Mis amigos oieron mucho ruido. [oír]

3. 단순 과거 시제를 사용해 아래의 해석과 일치하도록 작문해 보세요.

María _____.

_____.

마리아는 세 시에 집에 도착했다.
(그녀는) 책을 한 권 읽고 빵 하나를 먹었다.

1. ① tomé ② Llovió ③ abrieron
2. ① tocé → toqué ② jugé → jugué ③ oieron → oyeron
3. llegó a casa a las tres. Leyó un libro y comió un pan.

🎒BONUS TRACK!

✚ 아래 표를 통해 단순 과거 시제의 동사 변형을 연습해 보세요!

	trabajar 일하다	comprar 사다	vender 팔다	escribir 쓰다
yo				
tú				
él/ella/usted				
nosotros/as				
vosotros/as				
ellos/ellas/ustedes				

단순 과거

1. 동사 변형: 규칙 변형

-ar	-er, -ir
é	í
aste	iste
ó	ió
amos	imos
asteis	isteis
aron	ieron

2. 용법

- 과거에 완료된 단발적인 행위
- 시간 표현: ayer, anoche, anteayer, el 명사 pasado, la 명사 pasada

📺 오늘의 문장

+ Mp3를 들으며 오늘의 문장을 큰 소리로 따라 읽어 보세요. 🎧

나 어제 친구들 만났어.

Ayer salí con mis amigos.

VOCABULARIO

llover 비가 내리다	banco ⓜ 은행, 긴 의자, 벤치	ruido ⓜ 소음

12 단순 과거 (2)

나는 어제 집에 있었어.

단순 과거

1. 규칙 동사 변형

-ar	-er, -ir
é	í
aste	iste
ó	ió
amos	imos
asteis	isteis
aron	ieron

규칙 변형 훈련

hablar 말하다	comer 먹다	vivir 살다
hablé	comí	viví
hablaste	comiste	viviste
habló	comió	vivió
hablamos	comimos	vivimos
hablasteis	comisteis	vivisteis
hablaron	comieron	vivieron

2. 불규칙 동사 변형

(1) 어간 불규칙

불규칙 어간	어미
estar 있다 → estuv	e
tener 가지다 → tuv	iste
venir 오다 → vin	
poner 놓다 → pus	o
poder 할 수 있다 → pud	imos
hacer 하다, 만들다 → hic (hiz)*	isteis
saber 알다 → sup	
querer 원하다 → quis	ieron

- 단순 과거의 불규칙 어간은 이후 학습할 접속법 과거 변형의 불규칙 어간과 동일합니다.

- 어미 변형은 규칙 동사 어미 변형이 혼합되어 사용됩니다.

- 불규칙 어미에는 강세를 표기하지 않습니다.

어간 불규칙 훈련

estar 있다	tener 가지다	poder 할 수 있다	hacer 하다, 만들다
estuve	tuve	pude	hice
estuviste	tuviste	pudiste	hiciste
estuvo	tuvo	pudo	hizo
estuvimos	tuvimos	pudimos	hicimos
estuvisteis	tuvisteis	pudisteis	hicisteis
estuvieron	tuvieron	pudieron	hicieron

· hacer 동사는 3인칭 단수에서만 어간이 z로 변형됩니다.

Q: ¿Dónde estuviste ayer? 너 어제 어디에 있었니?

A: Estuve en casa. 나는 집에 있었어.

Q: ¿Qué hiciste ayer? 너 어제 뭐 했어?

B: Hice ejercicios. 나는 운동했어.

Q: ¿A qué hora viniste? 너는 몇 시에 왔어?

C: Vine a las tres. 나는 세 시에 왔어.

(2) J 불규칙

불규칙 어간	어미
	e
	iste
decir 말하다 → dij	o
producir 생산하다 → produj	
conducir 운전하다 → conduj	imos
traer 가지고 오다 → traj	
	isteis
	eron

· 3인칭 복수 어미 변형에서만 ieron에서 eron으로 바뀝니다.

J 불규칙 훈련

decir 말하다	traer 가지고 오다
dije	traje
dijiste	trajiste
dijo	trajo
dijimos	trajimos
dijisteis	trajisteis
dijeron	trajeron

Q: ¿Qué dijiste? 너 뭐라고 말했니?

A: Dije <hola>. 나는 '안녕'이라고 말했어.

Q: ¿Qué trajiste? 너는 무엇을 가지고 왔니?

B: Traje un libro. 나는 책을 한 권 가지고 왔어.

(3) 3인칭 어간 불규칙

pedir 요구하다	dormir 자다
pedí	dormí
pediste	dormiste
pidió	durmió
pedimos	dormimos
pedisteis	dormisteis
pidieron	durmieron

· 그 외 어간 i 불규칙 동사: seguir, conseguir, preferir, sentir

· 그 외 어간 u 불규칙 동사: morir

Q: ¿Qué pedisteis? 너희는 무엇을 주문했니?

A: Yo pedí un café y Ana pidió una limonada. 나는 커피를 한 잔 주문했고 아나는 레몬네이드를 주문했어.

Q: ¿Dónde dormisteis? 너희는 어디에서 잤니?

B: Yo dormí en la sala y Ana durmió en su habitación. 나는 거실에서 잤고 아나는 그녀의 방에서 잤어.

(4) 그 외 불규칙

ser 이다 / ir 가다	ver 보다	dar 주다
fui	vi	di
fuiste	viste	diste
fue	vio	dio
fuimos	vimos	dimos
fuisteis	visteis	disteis
fueron	vieron	dieron

· ser, ir 동사는 동일한 변형을 합니다.

· ver 동사는 규칙 변형과 동일하나 강세를 표기하지 않는 불규칙성을 갖습니다.

· dar 동사의 경우 ar의 어미 변형 대신 er, ir 동사의 어미 변형을 하는 불규칙성을 갖습니다.

Q: ¿A dónde fuiste ayer? 너는 어제 어디에 갔니?

A: Yo fui a la biblioteca. 나는 도서관에 갔어.

Q: ¿Qué película viste? 너는 어떤 영화를 봤니?

B: Vi una película española. 나는 스페인 영화를 봤어.

Q: ¿A quién le diste el dinero? 너는 그 돈을 누구에게 주었니?

C: Se lo di a Ana. 나는 그것을 아나에게 주었어.

+ Mp3를 들으며 따라 읽어 보세요. 🎧

➡ Ayer estuve muy cansada. 어제 나는 매우 피곤했다.

➡ ¿Pudiste terminar la tarea? 너는 숙제를 끝낼 수 있었니?

➡ Él hizo un bocadillo muy rico. 그는 매우 맛있는 샌드위치를 만들었다.

➡ Mi compañero no me dijo nada. 나의 동료는 나에게 아무 말도 하지 않았다.

➡ Los niños durmieron 8 horas. 아이들은 8시간을 잤다.

📁 QUIZ로 확인하기

1. 괄호의 동사를 단순 과거 시제로 변형하세요.

① Yo _____ que limpiar. [tener]

② Mónica _____ unas flores. [poner]

③ Ellos lo _____ todo. [saber]

2. 괄호의 동사를 보고 문장의 문법적 오류를 찾아 바르게 수정하세요.

① Ayer mi madre hico paella. [hacer]

② Mi amigo me pedió un favor. [pedir]

③ Mis abuelos me dijieron algo. [decir]

3. 단순 과거 시제를 사용해 아래의 해석과 일치하도록 빈칸을 채우세요.

① Nosotros _____ a Madrid en tren.

우리는 기차를 타고 마드리드로 갔다.

② Anoche _____ una película con mi novio.

어젯밤 나는 남자 친구와 영화를 한 편 봤다.

③ Laura me _____ una carta.

라우라는 나에게 편지 한 통을 주었다.

📁 BONUS TRACK!

+ 아래 표를 통해 단순 과거 시제의 동사 변형을 연습해 보세요!

	saber 알다	querer 원하다	poner 놓다, 두다	venir 오다
yo				
tú				
él/ella/usted				
nosotros/as				
vosotros/as				
ellos/ellas/ ustedes				

📁 오늘의 핵심

단순 과거

1. 동사 변형: 불규칙 변형

① 어간 불규칙	estuv-, tuv-, pus-, hic(z)-, pud- + e, iste, o, imos, isteis, ieron
② J 불규칙	dij-, traj- + e, iste, o, imos, isteis, eron
③ 3인칭 어간 불규칙	pid-, durm- + ió, ieron
④ 그 외 불규칙	ser/ir: fui, fuiste, fue, fuimos, fuisteis, fueron ver: vi, viste, vio, vimos, visteis, vieron dar: di, diste, dio, dimos, disteis, dieron

📁 오늘의 문장

+ Mp3를 들으며 오늘의 문장을 큰 소리로 따라 읽어 보세요. 🎧

나는 어제 집에 있었어.

Ayer estuve en casa.

VOCABULARIO

limonada ⓕ 레모네이드	sala ⓕ 거실, 홀	biblioteca ⓕ 도서관
bocadillo ⓜ 샌드위치	favor ⓜ 부탁, 호의	

13 불완료 과거

📁 오늘의 문장

나 전에는 서울에 살았었어.

📁 오늘의 문법

불완료 과거

1. 불완료 과거의 개념

A: 너 전에는 어디 살았었어?

B: 나 일산에 살았었어!

· 불완료 과거 시제는 과거 내 지속적이던 사건을 말할 때 사용합니다. '~했었다'라고 해석하며, 과거의 반복적이고 지속적인 행위를 나타내므로 '반복, 지속'의 키워드를 갖습니다.

2. 동사 변형

(1) 규칙 변형

-ar	-er, -ir
-aba	-ía
-abas	-ías
-aba	-ía
-ábamos	-íamos
-abais	-íais
-aban	-ían

*강세 위치 주의!

규칙 변형 훈련

hablar 말하다	comer 먹다	vivir 살다
hablaba	comía	vivía
hablabas	comías	vivías
hablaba	comía	vivía
hablábamos	comíamos	vivíamos
hablabais	comíais	vivíais
hablaban	comían	vivían

Q: ¿Hablabas inglés? 너는 영어를 말했었니?
A: Sí, hablaba inglés. 응, 나는 영어를 말했었어.

Q: ¿Qué comías? 너는 무엇을 먹었었니?
B: Comía frutas. 나는 과일을 먹었었어.

Q: ¿Dónde vivías? 너는 어디에 살았었니?
C: Vivía en Ilsan. 나는 일산에 살았었어.

(2) 불규칙 변형

ser 이다	ir 가다	ver 보다
era	iba	veía
eras	ibas	veías
era	iba	veía
éramos	íbamos	veíamos
erais	ibais	veíais
eran	iban	veían

*강세 위치 주의!

3. 용법

(1) 과거의 진행, 지속, 반복, 습관

· 불완료 과거는 과거에 진행, 지속, 반복되던 일 또는 과거의 습관적 행위를 표현합니다.

· 현재 시제가 표현하는 내용과 유사하나 과거에서의 행위를 의미합니다.

Él hablaba inglés. 그는 영어를 구사했었다.

Él comía mucha carne. 그는 육식을 많이 했었다.

Él vivía solo. 그는 혼자 살았었다.

· 현재 시제로 묻는 질문에 "지금은 아니지만 전에는 그러했었다"라고 답하는 경우 불완료 과거를 사용합니다.

Q: ¿Viajas mucho? 너는 여행을 많이 하니?
A: Antes viajaba mucho. 나는 예전에는 여행을 많이 했었어.

Q: ¿Vives en Gangnam? 너는 강남에 사니?
B: Antes vivía en Gangnam. 나는 예전에 강남에 살았었어.

Q: ¿Tienes novio? 너는 남자 친구가 있니?
C: Antes tenía... 난 예전에는 (남자 친구가) 있었어.

· 현재에도 지속이면 현재 시제, 과거에서만 지속이면 불완료 과거

> Q: ¿Fumas? 너는 담배를 피우니?
>
> A: Sí, fumo. 응, 나는 담배를 피워.
>
> B: No, no fumo. 아니, 나는 담배를 피우지 않아.
>
> Antes fumaba. 나는 예전에 담배를 피웠었어.

· 완료의 경계가 불분명한 시간 표현 혹은 반복적인 행위를 표현하는 빈도 부사와 함께 사용합니다.

과거 내 불완료 시간 표현

antes 예전에, 전에

siempre 항상, 늘

a menudo 자주 frecuentemente 자주, 빈번히

todos los años 매해마다

todas las semanas 매주마다

a veces 가끔씩

> Él antes hablaba inglés. 그는 예전에 영어를 구사했었다.
>
> Él a veces comía mucha carne. 그는 가끔씩 고기를 많이 먹었었다.
>
> Él siempre vivía solo. 그는 늘 혼자 살았었다.

(2) 과거의 상태 혹은 정황 묘사

> Mi escuela era grande. 나의 학교는 컸다. [사물의 묘사]
>
> Mi maestra se llamaba Alma. 나의 선생님은 이름이 알마였다. [사람의 묘사]
>
> Había mucha gente en la ciudad. 그 도시에는 많은 사람이 있었다. [정황의 묘사]

+ Mp3를 들으며 따라 읽어 보세요. 🎧

➡ Antes trabajaba en un banco. 나는 전에 은행에서 일했다.

➡ Vosotros jugabais al fútbol a menudo. 너희는 축구를 자주 했었다.

➡ Yo iba a la iglesia todos los domingos. 나는 매주 일요일마다 교회에 갔었다.

➡ Después de cenar siempre veíamos la televisión. 저녁 식사 후에 우리는 늘 텔레비전을 봤었다.

➡ Mi profesor era de Valencia. 나의 교수님은 발렌시아 출신이었다.

■ QUIZ로 확인하기

1. 괄호의 동사를 불완료 과거 시제로 변형하세요.

① Nosotros _____ juntos. [viajar]

② ¿Dónde _____ tú? [estar]

③ Yo no _____ español. [estudiar]

2. 다음 대화 내용에 맞춰 빈칸에 알맞은 불완료 과거 시제의 동사를 채우세요.

① ¿A dónde ibas? _____ a la escuela.

② ¿Qué veías? _____ las noticias.

③ ¿Qué hora era? _____ las siete.

3. 불완료 과거 시제를 사용해 아래의 해석과 일치하도록 빈칸을 채우세요.

Mi mejor amigo de la universidad _____ Manuel.

_____ muy alto y fuerte.

_____ en Madrid y _____ dos perros.

대학교 때 가장 친하던 내 친구는 이름이 마누엘이었다.

(그는) 매우 키가 크고 힘이 셌다.

(그는) 마드리드에 살았었고 강아지 두 마리를 갖고 있었다.

1. ① viajábamos ② estabas ③ estudiaba
2. ① Iba ② Veía ③ Eran
3. se llamaba, Era, Vivía, tenía

▬ BONUS TRACK!

+ 아래 표를 통해 불완료 과거 시제의 동사 변형을 연습해 보세요!

	pintar 칠하다	comprar 사다	leer 읽다	salir 나가다
yo				
tú				
él/ella/usted				
nosotros/as				
vosotros/as				
ellos/ellas/ustedes				

불완료 과거

1. 동사 변형

규칙 변형	-ar	aba, abas, aba, ábamos, abais, aban
	-er, -ir	ía, ías, ía, íamos, íais, ían
불규칙 변형	ser	era, eras, era, éramos, erais, eran
	ir	iba, ibas, iba, íbamos, ibais, iban
	ver	veía, veías, veía, veíamos, veíais, veían

2. 용법

(1) 과거의 지속, 반복적 행위: ~ 했었다

(2) 과거의 사람, 사물, 정황 묘사: ~ 이었다

· 시간 표현: antes, siempre, todos/as los/las + 명사

+ Mp3를 들으며 오늘의 문장을 큰 소리로 따라 읽어 보세요. 🎧

나 전에는 서울에 살았었어.

Antes vivía en Seúl.

fruta ⒡ 과일	novio/a ⓜⒻ 연인, 신랑, 신부	fumar 피우다, 담배를 피우다
banco ⓜ 은행, 긴 의자, 벤치	a menudo 여러 번, 자주	iglesia ⒡ 교회

14 과거 완료

📁 오늘의 문장

7시에는 벌써 도착해 있었어.

📁 오늘의 문법

과거 완료

1. 과거 완료의 개념

A: 너 7시에 도착했어?

B: 나 7시에는 이미 도착해 있었어!

· 과거 완료 시제는 특정 과거 시점 이전에 완료된 사건을 말할 때 사용합니다. '그때는 이미 ~했었다'라고 해석하며, 과거의 한 사건 혹은 특정 시점 전 완료된 행위를 표현합니다.

2. 동사 변형

Haber 과거 시제		과거 분사 [P.P.]
Había		
Habías		cantado
Había	+	bebido
Habíamos		hecho
Habíais		visto
Habían		

· 스페인어의 완료형은 [조동사 Haber + 과거 분사]를 활용하여 만듭니다. 조동사 Haber를 불완료 과거 시제로 변형하면 과거 완료 시제가 됩니다.

동사 변형 훈련

cantar 노래하다	beber 마시다	hacer 하다, 만들다
había cantado	había bebido	había hecho
habías cantado	habías bebido	habías hecho
había cantado	había bebido	había hecho
habíamos cantado	habíamos bebido	habíamos hecho
habíais cantado	habíais bebido	habíais hecho
habían cantado	habían bebido	habían hecho

3. 용법

(1) 특정 과거 시점 이전에 완료된 행위

· 과거 완료 시제는 특정 과거 시점 이전에 완료된 행위를 표현합니다.

· 영어의 had + P.P.와 동일한 용법입니다.

· 특정 과거 시점에 완료된 행위는 단순 과거 시제를 사용합니다.

ayer 어제 anoche 어젯밤에 anteayer 그저께 anteanoche 그저께 밤에

el 명사 pasado 예 el lunes pasado 지난 월요일에

la 명사 pasada 예 la semana pasada 지난주에

특정 시간/날짜/요일/연도 예 a las tres 세 시에 el 10 de junio 6월 10일에 2000 en 2000년도에

· 단순 과거: 특정 과거 시점에 ~했다

> Él llegó a Corea en junio. 그는 6월에 한국에 도착했다.
>
> Él compró un coche el sábado pasado. 그는 지난주 토요일에 차를 한 대 샀다.
>
> Él salió a las dos. 그는 두 시에 나갔다.

· 과거 완료: 특정 과거 시점 전에 이미 ~했었다

> Él ya había llegado a Corea en junio. 그는 6월에 한국에 이미 도착했었다. [6월에는 이미 한국에 있었으며 그 전에 도착한 것이다.]
>
> Él ya había comprado un coche el sábado pasado. 그는 지난주 토요일에 이미 차를 한 대 샀었다. [지난주 토요일이 되기 전에 이미 차를 샀으며 지난주 토요일에는 차를 소유하고 있었다.]
>
> Él ya había salido a las dos. 그는 두 시에 이미 나갔다. [그는 두 시에는 집에 이미 없었으며 두 시가 되기 전에 나간 것이다.]
>
> *부사 ya(이미)는 의무적인 것은 아니지만 거의 항상 쓰입니다.

단순 과거와 과거 완료 문장 비교

A las dos llegamos. 우리는 두 시에 도착했다.
A las dos ya habíamos llegado. 우리는 두 시에는 이미 도착해 있었다.

Ayer terminé la tarea. 나는 어제 숙제를 끝냈다.
Ayer ya había terminado la tarea. 나는 어제 이미 숙제를 끝낸 후였다.

El mes pasado se casaron. 그들은 지난달 결혼했다.
El mes pasado ya se habían casado. 그들은 지난달 이미 결혼을 한 후였다.

(2) 과거에 완료된 행위 전에 완료된 다른 행위

· '내가 도착했을 때, 부모님은 이미 나가셨었다'와 같이, 과거에 완료된 두 가지 사건이 있는 경우 앞서 완료된 사건을 의미합니다. 이때 주로 'Cuando + 단순 과거, 과거 완료'를 사용합니다.

*부사 ya(이미), todavía no(아직 …아니다)를 함께 사용하는 것이 자연스럽습니다.

> Cuando llegué a casa, mis padres ya habían salido.
> 내가 집에 도착했을 때, 부모님은 이미 나가셨었다. [먼저 완료된 일: salir 후에 완료된 일: llegar]
>
> Cuando llegué a casa, mis padres todavía no habían salido.
> 내가 집에 도착했을 때, 부모님은 아직 나가지 않으셨었다. [먼저 완료된 일: no salir 후에 완료된 일: llegar]

· 관계사가 사용되거나 혹은 종속절이 연결된 경우

> Juan perdió un libro que todavía no había terminado de leer.
> 후안은 아직 다 읽지 못한 책을 분실했다. [관계사 que 사용]
>
> Juan compró un libro porque había perdido uno.
> 후안은 책을 분실했기 때문에 다른 책을 한 권 샀다. [결과 – 원인절의 구조]
>
> Juan dijo que había ido a la librería.
> 후안은 서점에 갔었다고 말했다. [주동사 decir가 이끄는 종속절]

📁 상황별 예문

+ Mp3를 들으며 따라 읽어 보세요. 🎧

➡ A las 9 el profesor ya había empezado la clase. 아홉 시에 교수님은 이미 수업을 시작한 후였다.

➡ Ayer mis amigos ya habían salido de la ciudad. 어제 나의 친구들은 이미 도시에서 떠난 후였다.

➡ En 2010 ya había viajado a Europa. 2010년에 나는 이미 유럽 여행을 한 후였다.

➡ Cuando llegué a casa, el programa ya había terminado. 내가 집에 도착했을 때 그 프로그램은 이미 끝난 후였다.

➡ Cuando llegué al aeropuerto, el avión ya había despegado. 내가 공항에 도착했을 때는 비행기가 이미 이륙한 후였다.

1. 과거 완료 시제가 되도록 조동사 haber를 알맞게 변형하여 빈칸을 채우세요.

  ① Ana ya _____ almorzado.

  ② ¿Dónde _____ estado tú?

  ③ Vosotros _____ salido.

2. 다음 문장들을 읽고 가장 먼저 완료된 사건을 고르세요.

  Ana llegó a casa muy cansada.

  Había hecho mucho ejercicio porque había comido muchísimo.

  [Llegar a casa] [Hacer ejercicio] [Comer muchísimo]

3. 과거 완료 시제를 사용해 아래의 해석과 일치하도록 빈칸을 채우세요.

  Cuando yo _____ a casa,

  mis padres ya _____ _____ y _____ _____.

  내가 집에 도착했을 때, 내 부모님은 이미 저녁을 드신 후였고, 나가신 후였다.

퀴즈 정답

1. ① había ② habías ③ habíais
2. Comer muchísimo
3. llegué, habían cenado, habían salido

+ 아래 표를 통해 과거 완료 시제의 동사 변형을 연습해 보세요!

	hablar 말하다	estudiar 공부하다	aprender 배우다, 익히다	vivir 살다
yo				
tú				
él/ella/usted				
nosotros/as				
vosotros/as				
ellos/ellas/ ustedes				

📻 오늘의 핵심

과거 완료

1. 동사 변형

haber [과거 시제] + P.P.	
había	
habías	comprado
había	vendido
habíamos	dicho
habíais	escrito
habían	

2. 용법

(1) 특정 과거 시점 이전에 완료된 행위

· Ayer ya... : 어제는 이미 ~했었다

(2) 과거에 완료된 사건 전 이미 완료된 다른 행위

· Cuando + 단순 과거, 과거 완료 : ~했을 때는 (이미) ~했었다

🎬 오늘의 문장

+ Mp3를 들으며 오늘의 문장을 큰 소리로 따라 읽어 보세요. 🎧

7시에는 벌써 도착해 있었어.

A las siete ya había llegado.

VOCABULARIO

casarse 결혼하다	perder 지다, 잃다, 놓치다, 분실하다	terminar de INF ~을 끝내다, 마치다
librería ⑤ 서점, 책방	empezar 시작하다	programa ⑩ 프로그램
despegar 떼다, 이륙하다	almorzar 점심을 먹다	hacer ejercicio 운동하다

15 과거 시제 총정리

📁 오늘의 문장

스페인어를 배우고 싶어서 시원스쿨을 선택했다.
나는 아주 많은 강의를 들었다.

📅 오늘의 문법

❶ 스페인어의 4가지 과거 시제

1. 동사 변형 비교

불완료 과거		현재 완료	
-aba	-ía	he	+ P.P.
-abas	-ías	has	-ado
-aba	-ía	ha	-ido
-ábamos	-íamos	hemos	-cho
-abais	-íais	habéis	-to
-aban	-ían	han	

단순 과거		과거 완료	
-é	-í	había	+ P.P.
-aste	-iste	habías	-ado
-ó	-ió	había	-ido
-amos	-imos	habíamos	-cho
-asteis	-isteis	habíais	-to
-aron	-ieron	habían	

- 그 외 과거 시제 변형은 과거에는 존재했지만 현재는 거의 사용되지 않으므로 위 네 가지 시제를 학습하도록 합니다.

2. 해석 비교

불완료 과거	현재 완료
~했었다 (지속) ~이었다 (묘사)	~했다 (완료) ~해 왔다 (지속) ~해 봤다 (경험)
단순 과거	**과거 완료**
~했다 (완료)	그때는 이미 ~했었다 (과거 이전 시점 완료)

¡OJO!

🔍 단순 과거와 현재 완료 사용의 지역적 차이

- 스페인에서는 [현재 완료] 시제를 완료, 지속, 경험의 용법으로 사용하지만, 중남미에서 [현재 완료] 시제는 지속과 경험의 용법으로만 사용하며 완료의 용법은 [단순 과거]를 사용한다.

예 ¿Cómo has estado? 너는 요즘 어떻게 지냈니? [지속]

¿Comiste algo? 너 뭐 좀 먹었니? [완료]

He comido la paella. 나는 파에야를 먹어 본 적 있어. [경험]

---

3. 행위 시점 비교

불완료 과거	현재 완료
과거 내 지속되는 기간과 반복적인 횟수	현재와 연결된 시간의 표현, 최근
단순 과거	**과거 완료**
과거의 한 특정 시점	과거의 한 특정 시점보다 전

4. 함께 사용되는 시간 표현 비교

불완료 과거	현재 완료
antes 전에 a veces 가끔 a menudo 자주 frecuentemente 자주	hoy 오늘 este... 이번 ... esta... 이번 ... hace un momento 조금 전에
단순 과거	과거 완료
ayer 어제 el 명사 pasado 지난 ... la 명사 pasada 지난 ... 특정 날짜	ayer ya 어제는 이미 el 명사 pasado ya 지난 ...에는 이미 la 명사 pasada ya 지난 ...에는 이미

5. 용법 비교

불완료 과거	현재 완료
과거의 지속, 반복, 습관적 행위	현재와 가까운 과거 사건
단순 과거	과거 완료
특정 과거 시점에 완료된 사건	특정 과거 시점 이전에 완료된 사건

과거 시제 예문 비교

José antes estudiaba. 호세는 전에 공부했었다/하곤 했다. [불완료 과거]

Esta semana José ha estudiado. 이번 주에 호세는 공부를 했다/해 왔다. [현재 완료]

José estudió mucho el sábado pasado. 호세는 지난 토요일에 공부를 많이 했다. [단순 과거]

El sábado pasado José ya había estudiado. 호세는 지난 토요일에는 이미 공부를 한 후였다.

[과거 완료]

❷ Cuando를 사용한 시간 부사절

· Cuando와 현재 완료를 함께 사용하는 것은 불가능합니다.

· Cuando + 불완료 과거, 불완료 과거: ~하던 와중에, ~했었다

[동시에 지속되던 두 가지 사건]

Cuando era niño, vivía en Busan. 나는 어렸을 때 부산에 살았었다.

Cuando estudiaba en España, compartía piso con unos italianos. 스페인에서 유학하던 시절 나는 이탈리아 사람들과 한 아파트를 공유해 살았었다.

Cuando paseábamos, hacía calor. 우리가 산책을 하고 있었을 때는 더웠었다.

· Cuando + 불완료 과거, 단순 과거: ~하던 와중에, ~했다

[행위가 지속되던 상황에서 발생되고 끝난 하나의 사건]

Cuando era niño, tuve un accidente. 내가 어렸을 때 나는 사고를 당했다.

Cuando estudiaba en España, compré un coche. 스페인에서 유학하던 시절 나는 차를 샀다.

Cuando paseábamos, vimos a Juan. 우리가 산책을 하고 있었을 때 후안을 보았다.

· Cuando + 단순 과거, 불완료 과거: ~했을 때는, ~하고 있었다

[완료된 하나의 사건과 동시에 지속적이던 행위]

Cuando vimos a Juan, paseábamos. 우리가 후안을 봤을 때는 산책을 하던 중이었다.

Cuando salí de clase, eran las cinco. 내가 교실에서 나왔을 때는 다섯 시였다.

Cuando llegué a casa, mi mamá cocinaba. 내가 집에 도착했을 때 엄마는 요리를 하고 계셨다.

· Cuando + 단순 과거, 단순 과거: ~했을 때, ~했다

[완료된 두 가지 연속적인 사건의 나열]

Cuando vimos a Juan, lo llamamos. 우리는 후안을 봤을 때 그를 불렀다.

Cuando salí de clase, fui al bar con un amigo. 나는 교실에서 나왔을 때 친구와 함께 바에 갔다.

Cuando llegué a casa, mi mamá cocinó. 내가 집에 도착했을 때 엄마는 요리를 하셨다.

· Cuando + 단순 과거, 과거 완료: ~했을 때, 이미 ~했었다

[완료된 하나의 사건을 기준으로 그 전에 이미 완료된 다른 사건]

Cuando lo llamamos, él ya se había subido al coche. 우리가 그를 불렀을 때 그는 이미 차에 올라탄 후였다.

Cuando salí de clase, mi amigo ya se había ido al bar. 내가 교실에서 나왔을 때 친구는 이미 바에 간 후였다.

Cuando llegué a casa, mi mamá ya había cocinado. 내가 집에 도착했을 때 엄마는 이미 요리를 하신 후였다.

📋 상황별 예문

+ Mp3를 들으며 따라 읽어 보세요. 🎧

➡ Estaba muy cansada, así que fui a mi casa. 나는 무척 피곤했었다. 그래서 집으로 갔다.

➡ Habíamos invitado a Juan a la fiesta de ayer, pero no vino. 우리는 어제의 파티에 후안을 초대했었지만 그는 오지 않았다.

➡ Juan me prestó el libro que leía. 후안은 읽고 있던 책을 나에게 빌려주었다.

➡ Fuimos al bar porque teníamos mucha hambre. 우리는 무척 배가 고팠었기 때문에 바에 갔다.

➡ Fuimos al bar porque no habíamos cenado. 우리는 저녁 식사를 하지 않았었기 때문에 바에 갔다.

1. 괄호의 동사를 알맞은 과거 시제로 변형하세요.

① Esta mañana me _____ _____ [llamar] Raúl.

② Ayer mis amigos _____ [ir] a una fiesta.

③ A las tres Ana ya _____ _____ [almorzar].

2. 아래의 해석과 일치하도록 빈칸을 채우세요.

① _____ un helado porque _____ calor. 날씨가 더웠기 때문에 우리는 아이스크림을 먹었다.

② Ya _____ _____ la película, así que no _____ al cine. 나는 이미 그 영화를 봤었다. 그래서 극장에 가지 않았다.

③ ¿Dónde _____ _____ hasta ahora? 너는 지금까지 어디에 있었니?

3. 다음 중 과거 시제가 바르게 사용된 문장을 고르세요.

① He aprendido español en España.

② Viví en España durante 2 años.

③ Me gustaba mucho estudiar en España.

....

퀴즈 정답

1. ① ha llamado ② fueron ③ había almorzado
2. ① Comimos, hacía ② había visto, fui ③ has estado
3. ②

스페인어의 과거 시제

불완료 과거	현재 완료
hablaba, comía...	he hablado, he comido...
과거의 지속, 반복, 습관	현재와 가까운 과거
단순 과거	과거 완료
hablé, comí...	había hablado, había comido...
특정 과거 시점 완료	특정 과거 시점 전 완료

+ Mp3를 들으며 오늘의 문장을 큰 소리로 따라 읽어 보세요. 🎧

스페인어를 배우고 싶어서 시원 스쿨을 선택했다.
나는 아주 많은 강의를 들었다.

Quería aprender español, así que elegí SiwonSchool.

He tomado muchas clases.

compartir 나누다, 분배하다, 공유하다	**piso** ⓜ 바닥, 층, 아파트	**pasear** 산책하다
bar ⓜ 바, 술집	**prestar** 빌려주다	**hambre** ⓕ 배고픔, 허기짐

16 단순 미래

📅 오늘의 문장

우리는 커피 한 잔 할 것입니다.

📅 오늘의 문법

❶ 단순 미래

1. 개념

· 단순 미래 시제는 '~할 것이다'로 해석하며 특정 미래 시점에 일어날 일을 말할 때 사용합니다.

· 과거 시제와 달리 미래 시제는 시점에 따른 다양한 종류나 분류는 없습니다.

2. 동사 변형

(1) 규칙 변형

어간	어미
동사 원형 +	é
	ás
	á
	emos
	éis
	án

- 동사 원형을 그대로 쓰며 인칭별 어미 변형을 첨가하는 방식

- 강세 표기에 주의! 1인칭 복수형 nosotros만 제외하고 나머지에는 모두 강세가 표기됩니다.

- 스페인어의 동사 원형은 모두 –r 로 끝나므로 –ré, –rás, –rá… 와 같은 식으로 암기하면 좋습니다.

규칙 변형 훈련

cantar 노래하다	beber 마시다	escribir 쓰다
cantaré	beberé	escribiré
cantarás	beberás	escribirás
cantará	beberá	escribirá
cantaremos	beberemos	escribiremos
cantaréis	beberéis	escribiréis
cantarán	beberán	escribirán

Q: ¿Estudiarás? 너는 공부할 거니?

A: Sí, estudiaré. 응, 나는 공부할 거야.

Q: ¿Qué estudiarás? 너는 무엇을 공부할 거니?

A: Estudiaré español. 나는 스페인어를 공부할 거야.

Q: ¿Comerás? 너는 먹을 거니?

A: Sí, comeré. 응, 나는 먹을 거야.

Q: ¿Qué comerás? 너는 무엇을 먹을 거니?

A: Comeré un pan. 나는 빵 한 개를 먹을 거야.

(2) 불규칙 변형

불규칙 어간	규칙 어미
tener 가지다 ▶ tendr	é
venir 오다 ▶ vendr	ás
salir 나가다 ▶ saldr	á
poner 놓다 ▶ pondr	
poder 할 수 있다 ▶ podr	emos
hacer 하다, 만들다 ▶ har	éis
decir 말하다 ▶ dir	án

- 미래 시제의 불규칙은 '어간'에서 발생하며 '어미'는 규칙 변형의 어미를 그대로 사용합니다.
- 불규칙 어간 변형은 ...dr, ...br, ...r 형태가 특징적입니다.
- 그 외 불규칙 변형 saber → sabr, haber → habr, querer → querr

불규칙 변형 훈련

venir 오다	salir 나가다	hacer 하다
vendré	saldré	haré
vendrás	saldrás	harás
vendrá	saldrá	hará
vendremos	saldremos	haremos
vendréis	saldréis	haréis
vendrán	saldrán	harán

Q: ¿Harás la tarea? 너는 숙제를 할 거니?

A: No, no la haré. 아니, 나는 하지 않을 거야.

Q: ¿Qué harás? 너는 무엇을 할 거니?

A: Haré ejercicio. 나는 운동을 할 거야.

3. 용법

(1) 특정 미래 시점에 일어날 행위

특정 미래 시점을 나타내는 시간 표현

hoy 오늘

mañana 내일

pasado mañana 내일 모레

este/esta/estos/estas + 명사 이번 …

el próximo/la próxima + 명사 다음 …

a las tres 세 시에

A las tres llegaré a casa. 나는 세 시에 집에 도착할 것이다.

Antonio comprará un coche este sábado. 안토니오는 이번 토요일에 차 한 대를 살 것이다.

La próxima semana saldremos de vacaciones. 다음 주에 우리는 휴가를 떠날 것이다.

> ¡OJO!
>
> · 단순 미래 시제는 [Ir a 동사 원형]의 숙어 표현과 같은 의미로 사용할 수 있습니다.
>
> 예 A las tres voy a llegar a casa. 나는 세 시에 집에 도착할 것이다.
>
> Antonio va a comprar un coche este sábado. 안토니오는 이번 토요일에 차 한 대를 살 것이다.
>
> La próxima semana vamos a salir de vacaciones. 다음 주에 우리는 휴가를 떠날 것이다.

(2) 현재 추측

· 현재 시제를 모르는 상태에서 추측하는 것이 단순 미래 시제입니다.

Q: ¿Qué hora es ahora? 지금 몇 시지?

A: Son las tres. 세 시야.

B: No lo sé. Serán las tres. 모르겠어. 아마도 세 시일 거야.

Q: ¿Dónde está Antonio ahora? 지금 안토니오는 어디 있지?

A: Antonio está en clase. 안토니오는 지금 수업 중이야.

B: No lo sé. Estará en clase. 모르겠어. 아마도 수업 중일 테지.

+ Mp3를 들으며 따라 읽어 보세요. 🎧

➡ **Mañana** estudiaré **todo el día.** 나는 내일 하루 종일 공부할 것이다.

➡ **La próxima semana** viajaremos **en avión.** 우리들은 다음 주에 비행기로 여행할 것이다.

➡ **Hoy** podréis **descansar en casa.** 너희들은 오늘 집에서 휴식을 취할 수 있을 것이다.

➡ **¿Vendrás** a mi casa este fin de semana? 너 이번 주말에 집에 올 거니?

➡ **¡Alguien toca! ¡Será** la pizza! 누군가 노크한다! 아마도 피자일 거야!

1. 괄호의 동사를 단순 미래 시제로 변형하세요.

① Hoy _____. [llover]

② ¿A dónde _____ tú? [ir]

③ Nosotros _____ la televisión. [poner]

2. 앞에서 작성한 단순 미래 시제의 동사들을 'Ir a 동사 원형'의 숙어 표현으로 바꿔 쓰세요.

① Hoy _____.

② ¿A dónde _____ tú?

③ Nosotros _____ la televisión.

3. 현재 시제, 혹은 단순 미래 시제를 사용해 아래의 해석과 일치하도록 빈칸을 채우세요.

¿Dónde _____ el profesor?

- Él _____ en su oficina.

- No lo sé. Él _____ en su oficina.

선생님은 지금 어디에 계시지?

– 그분은 지금 사무실에 계셔.

– 모르겠어. 그분은 아마 지금 사무실에 계실 거야.

----

1. ① lloverá ② irás ③ pondremos
2. ① va a llover ② vas a ir ③ vamos a poner
3. está, está, estará

BONUS TRACK!

+ 아래 표를 통해 단순 미래 시제의 동사 변형을 연습해 보세요!

	trabajar 일하다	leer 읽다	poder 할 수 있다	ir 가다
yo				
tú				
él/ella/usted				
nosotros/as				
vosotros/as				
ellos/ellas/ ustedes				

단순 미래

1. 동사 변형

	é
규칙 변형: 동사 원형 +	ás
	á
	emos
불규칙 변형: 불규칙 어간 +	éis
	án

2. 용법

(1) ~할 것이다: 미래 시점에 일어날 행위로 'Ir a 동사 원형'과 동일

(2) 아마 ~일 것이다: 현재 추측

📅 오늘의 문장

+ Mp3를 들으며 오늘의 문장을 큰 소리로 따라 읽어 보세요. 🎧

우리는 커피 한 잔 할 것입니다.

Nosotros tomaremos un café.

VOCABULARIO

descansar 휴식을 취하다, 쉬다 | tocar 만지다, 치다, 연주하다, 두드리다

17 미래 완료

📁 오늘의 문장

그는 지금쯤 집에 도착했겠지?

📁 오늘의 문법

미래 완료

1. 개념

A: 너 7시에 도착할 거야?

B: 나 7시에는 이미 도착했을 거야!

- 미래 완료 시제는 '~했을 것이다'로 해석하며 특정 미래 시점 전에 일어날 일을 말할 때 사용합니다.

- '특정 과거 시점 전에 일어난 일'을 말하는 과거 완료와 원리가 비슷합니다.

2. 동사 변형

Haber 미래 시제		과거 분사 [P.P.]
Habré		
Habrás		cantado
Habrá	+	bebido
Habremos		hecho
Habréis		visto
Habrán		

- 스페인어의 완료형은 [조동사 Haber + 과거 분사]를 활용하여 만듭니다. 조동사 Haber를 단순 미래 시제로 변형하면 미래 완료 시제가 됩니다.
- 조동사 Haber의 단순 미래 시제 변형은 'habr' 불규칙 어간 변형입니다.

동사 변형 훈련

cantar 노래하다	beber 마시다
habré cantado	habré bebido
habrás cantado	habrás bebido
habrá cantado	habrá bebido
habremos cantado	habremos bebido
habréis cantado	habréis bebido
habrán cantado	habrán bebido

3. 용법

(1) 특정 미래 시점 이전에 완료되었을 행위

특정 미래 시점을 나타내는 시간 표현

hoy 오늘

mañana 내일

pasado mañana 내일 모레

este/esta/estos/estas + 명사 이번 …

el próximo/la próxima + 명사 다음 …

a las tres 세 시에

- 단순 미래 : 미래 시점에 ~할 것이다

  A las tres llegaré a casa. 나는 세 시에 집에 도착할 것이다.

  Antonio comprará un coche este sábado. 안토니오는 이번 토요일에 차 한 대를 살 것이다.

  La próxima semana saldremos de vacaciones. 다음 주에 우리는 휴가를 떠날 것이다.

- 미래 완료 : 미래 시점 전에 ~했을 것이다

  A las tres habré llegado a casa. 나는 세 시에는 집에 도착했을 것이다.

  Antonio habrá comprado un coche este sábado. 안토니오는 이번 토요일에 차를 한 대 샀을 것이다.

  La próxima semana habremos salido de vacaciones. 다음 주에 우리는 휴가를 떠났을 것이다.

단순 미래와 미래 완료의 문장 비교

A las dos llegaremos. 우리는 두 시에 도착할 것이다.
A las dos ya habremos llegado. 우리는 두 시에 이미 도착했을 것이다.

Mañana terminaré la tarea. 나는 내일 숙제를 마칠 것이다.
Mañana ya habré terminado la tarea. 나는 내일 숙제를 이미 마쳤을 것이다.

El próximo mes se casarán. 다음 달에 그들은 결혼을 할 것이다.
El próximo mes ya se habrán casado. 다음 달에 그들은 이미 결혼을 했을 것이다.

(2) 현재 완료 추측

· 현재 시제의 추측은 단순 미래

Q: ¿Dónde está Antonio ahora? 지금 안토니오는 어디 있지?

A: Antonio está en clase. 안토니오는 지금 수업 중이야.

B: No lo sé. Estará en clase. 모르겠어. 아마도 수업 중일 테지.

· 현재 완료 시제의 추측은 미래 완료

Q: ¿Dónde ha estado Antonio? 안토니오는 어디에 있었지?

A: Antonio ha estado en clase. 안토니오는 수업 중이었어.

B: No lo sé. Habrá estado en clase. 모르겠어. 아마도 수업 중이었겠지.

현재 완료와 미래 완료 문장 비교: 일어난 일 VS 일어났을 일

현재 완료	미래 완료
Has estudiado. 너는 공부를 했다.	Habrás estudiado. 너는 공부를 했을 것이다.
Ha llovido. 비가 내렸다.	Habrá llovido. 비가 내렸을 것이다.
Los niños han llegado. 아이들은 도착했다.	Los niños habrán llegado. 아이들은 도착 했을 것이다.

+ Mp3를 들으며 따라 읽어 보세요. 🎧

➡ A las nueve ya habremos tomado el avión. 우리는 아홉 시에 이미 비행기를 탔을 것이다.

➡ Mañana ya habré terminado de leer el libro. 나는 내일은 이미 그 책 읽기를 끝냈을 것이다.

➡ El próximo fin de semana ya habrán vuelto del viaje. 다음 주말에 그들은 이미 여행에서 돌아왔을 것이다.

➡ ¡Habrás tenido un día malo! 너는 분명 안 좋은 하루를 보냈구나!

➡ Juan todavía no llega. ¿Habrá perdido el autobús? 후안은 아직 오지 않는다. 버스를 놓친 것일까?

1. 미래 완료 시제가 되도록 조동사 haber를 알맞게 변형하여 빈칸을 채우세요.

   ① Mi madre _____ salido.

   ② ¿Dónde _____ ido tú?

   ③ Nosotros _____ llegado.

2. 미래 완료 시제를 사용해 아래의 해석과 일치하도록 작문해 보세요.

Ahora _____. _____ mañana a casa.

No sé _____ el tren,

pero pienso que _____ a casa.

나는 지금 휴가 중이야. 나는 내일 집으로 돌아갈 거야. 기차가 몇 시에 출발하는지는 모르지만, 내 생각에 6시에는 이미 집에 도착했을 것 같아.

3. 미래 완료 시제를 사용해 아래의 해석과 일치하도록 빈칸을 채우세요.

¿_____ _____ el profesor?

- _____ _____...

- Él es siempre muy puntual.

선생님은 도착하셨니?
– 도착하셨겠지 …
– 그분은 항상 시간을 엄수하는 분이셔.

1. ① habrá ② habrás ③ habremos
2. estoy de vacaciones, Volveré, a qué hora saldrá, a las 6 ya habré llegado
3. Ha llegado, Habrá llegado

▦ BONUS TRACK!

+ 아래 표를 통해 미래 완료 시제의 동사 변형을 연습해 보세요!

	hablar 말하다	vender 팔다
yo		
tú		
él/ella/usted		
nosotros/as		
vosotros/as		
ellos/ellas/ustedes		

	escribir 쓰다	hacer 하다, 만들다
yo		
tú		
él/ella/usted		
nosotros/as		
vosotros/as		
ellos/ellas/ustedes		

📖 오늘의 핵심

미래 완료

1. 동사 변형

haber [미래 시제] + P.P.	
habré	
habrás	comprado
habrá	vendido
habremos	dicho
habréis	escrito
habrán	

2. 용법

(1) 그때는 이미 ~했을 것이다: 미래 시점 전 완료될 행위

(2) 아마 ~였을 것이다: 현재 완료 추측

✚ Mp3를 들으며 오늘의 문장을 큰 소리로 따라 읽어 보세요. 🎧

🔊
그는 지금쯤 집에 도착했겠지?

Él ya habrá llegado a su casa, ¿verdad?

VOCABULARIO

perder 지다, 잃다, 놓치다, 분실하다	puntual 시간을 엄수하는, 정확한

18 현재 분사와 과거 분사

엄마는 지금 주무세요.

❶ 현재 분사

1. 형태

(1) 규칙 변형

-ar	-ando
-er, -ir	-iendo

규칙 변형 훈련

estudiar 공부하다	estudiando	trabajar 일하다	trabajando
aprender 배우다	aprendiendo	hacer 하다, 만들다	haciendo
salir 나가다	saliendo	subir 오르다	subiendo

(2) 불규칙 변형

어간 i 불규칙	pedir 요구하다 venir 오다	pidiendo viniendo
어간 u 불규칙	dormir 자다 morir 죽다	durmiendo muriendo
어간 y 불규칙	oír 듣다 leer 읽다	oyendo leyendo

(3) 현재 분사의 여성 명사화

vivienda ⓕ 집, 주거, 주택

leyenda ⓕ 고담, 고사, 전설

2. 용법

(1) 현재 진행형 (estar + 현재 분사): ~하는 중이다

Juan estudia. 후안은 공부한다.

*'지금/현재 공부한다'와 '평상시 반복적/습관적으로 공부한다' 두 가지를 모두 의미합니다.

Juan está estudiando. 후안은 지금 공부하는 중이다.

*말하는 시점에 진행중인 행위만을 의미합니다.

(2) 동시 진행: ~하면서 ...하다

Juan come estudiando. 후안은 공부를 하면서 식사를 한다.

*두 가지 행위의 동시 진행을 의미합니다.

(3) Ir, Seguir, Continuar + 현재 분사: 계속 ~하다

Juan sigue estudiando. 후안은 계속해서 공부한다.

*Ir + 현재 분사: ~해 나가다
*Seguir/Continuar + 현재 분사: 계속해서 ~하다

❷ 과거 분사

1. 형태

(1) 규칙 변형

-ar	-ado
-er, -ir	-ido

규칙 변형 훈련

estudiar 공부하다	estudiado	trabajar 일하다	trabajado
aprender 배우다	aprendido	tener 가지다	tenido
salir 나가다	salido	subir 오르다	subido

(2) 불규칙 변형

-to	ver 보다 escribir 쓰다 poner 놓다 abrir 열다	visto escrito puesto abierto
-cho	hacer 하다, 만들다 decir 말하다	hecho dicho

(3) 과거 분사의 명사화

hecho ⓜ 행위, 행동, 사건

conocido ⓜⓕ 지인, 아는 사람

vestido ⓜ 의류, 드레스, 원피스

calzado ⓜ 신발, 구두

estado ⓜ 상태, 국가, 정부, 주(州)

muerto ⓜⓕ 고인, 시체

*명사 muerte ⓕ [죽음]과 혼동하지 않도록 주의!

· 과거 분사의 여성 명사화도 매우 일반적입니다.

comida ⓕ 음식, 식사, 점심

bebida ⓕ 음료

entrada ⓕ 입구, 출입, 입장권

salida ⓕ 출구, 출발

nevada ⓕ 강설, 대설

llamada ⓕ 호출, 통화

vista ⓕ 시력, 시각, 전망

(4) 과거 분사의 형용사화: 형용사이므로 꾸며 주는 명사에 성과 수를 일치시켜야 합니다.

querer ▶ querido 사랑하는, 친애하는

abrir ▶ abierto 열린

cerrar ▶ cerrado 닫힌

perder ▶ perdido 잃은, 분실된, 방황하는

cansar ▶ cansado 피곤한

dormir ▶ dormido 자는

· 그 외 많이 사용되는 감정 형용사

divertirse ▶ divertido 즐거운

aburrirse ▶ aburrido 지루한, 따분한

animarse ▶ animado 활기찬

preocuparse ▶ preocupado 걱정하는

decepcionarse ▶ decepcionado 실망하는, 절망적인

2. 용법

(1) Ser + P.P.의 [수동태] 구조에서 과거 분사의 활용

El coche es arreglado por el mecánico. 그 차는 수리공으로 인해 수리되어진다.

*ser + P.P. + por + 행위자

(2) Estar 동사와 함께 쓰여 주어의 상태를 표현

El coche ya está arreglado. 그 차는 이미 수리가 되어졌다.

*차의 현재 상태에 대한 표현

(3) 완료형 [Haber + 과거 분사]의 활용: 조동사 Haber는 시제 변형을 하되 과거 분사는 항상 동형으로 사용됩니다.

    Haber 현재 시제 ▶ 현재 완료

    Juan <u>ha estudiado</u>. 후안은 공부했다.

    Haber 과거 시제 ▶ 과거 완료

    Juan <u>había estudiado</u>. 후안은 그 전에 공부했었다.

    Haber 미래 시제 ▶ 미래 완료

    Juan <u>habrá estudiado</u>. 후안은 공부했을 것이다.

현재 분사와 과거 분사의 비교

· sentarse 자리에 앉다

    La chica se sienta. [현재 시제] 그 여자아이는 자리에 앉는다.

    La chica se sentará. [미래 시제] 그 여자아이는 자리에 앉을 것이다.

    La chica se ha sentado. [현재 완료] 그 여자아이는 자리에 앉았다.

    La chica se está sentando. [현재 진행형] 그 여자아이는 자리에 앉고 있다.

    *위의 문장들은 시제 변형을 하는 경우로 <현재 완료>는 '과거 분사'를, <현재 진행형>은 '현재 분사'를 활용하는 구조입니다. 이때 '과거 분사'는 주어에 성, 수를 일치시키지 않습니다.
    반면, '과거 분사'가 형용사화 되는 경우에는 반드시 주어에 성과 수를 일치시켜야 합니다.

· sentarse 자리에 앉다 ▶ sentado/a/os/as 자리에 앉은

    La chica está sentada. 그 여자아이는 자리에 앉아 있다.

    *그 외 cansado/a/os/as(피곤한), divertido/a/os/as(즐거운) 등 동사의 과거 분사가 형용사화 된 경우에는 재귀 대명사 me, te, se 등을 표기하지 않는 것에 주의!

+ Mp3를 들으며 따라 읽어 보세요. 🎧

➡ He subido por las escaleras y me he cansado mucho. 나는 계단으로 올라왔고 몹시 지쳤다.

➡ ¡Estoy cansada! 나는 너무나 피곤하다!

➡ El niño está decepcionado porque ha suspendido el examen. 아이는 실망했다. 왜냐하면 시험에서 낙제했기 때문이다.

➡ Tengo tres llamadas perdidas de un conocido. 나는 아는 사람으로부터 부재중 전화가 세 통이 있다.

➡ Nevada es uno de los cincuenta estados de los Estados Unidos de América. 네바다는 미국의 50개 주 중의 하나이다.

■ QUIZ로 확인하기

1. 아래의 해석과 일치하도록 빈칸을 채우세요.

① Yo sigo _____ mi habitación.

나는 계속해서 방을 치우고 있다.

② ¿Estáis _____?

너희들 듣고 있니?

③ María sube las escaleras _____.

마리아는 노래를 부르며 계단을 오른다.

2. 다음 중 과거 분사가 완료형으로 사용된 문장을 고르세요.

① Ana llegó a casa muy cansada.

② Ella ha tenido un día muy difícil.

③ Está muy ocupada estos días.

3. 현재 분사와 과거 분사를 사용해 아래의 해석과 일치하도록 빈칸을 채우세요.

Estamos _____ una película. La película es muy _____.

Mi padre se está _____ y mi abuelo ya está _____.

우리는 영화를 한 편 보고 있다. 그 영화는 매우 지루하다. 아버지는 잠이 들고 계시고 할아버지는 이미 잠이 드셨다.

BONUS TRACK!

+ 아래 표를 통해 현재 분사와 과거 분사의 동사 변형을 연습해 보세요!

	현재 분사	과거 분사
comprar 사다		
limpiar 닦다, 청소하다		
llegar 도착하다		
vender 팔다		
ser 이다		
vivir 살다		

📋 오늘의 핵심

현재 분사와 과거 분사

현재 분사	과거 분사
-ando -iendo	-ado -ido
· 진행형 [Estar + 현재 분사] · 동시 진행 [V + 현재 분사]	· 완료형 [Haber + 과거 분사] · 과거 분사의 명사형 · 과거 분사의 형용사형

📋 오늘의 문장

+ Mp3를 들으며 오늘의 문장을 큰 소리로 따라 읽어 보세요. 🎧

엄마는 지금 주무세요.

Mi mamá está dormida.

VOCABULARIO

sentirse perdido 절망스럽다	cansarse 피곤하다, 피로하다	decepcionado 절망적인, 실망한
suspender 매달다, 정지하다, 낙제하다	llamada ⓕ 부르기, 호출, 통화	conocido ⓜⓕ 아는 사람, 지인/아는, 알고 있는

19 의문사

우리 언제 어디에서 만날까?

❶ 스페인어의 의문문

· 평서문

　Tú has comido. 너는 식사를 했다. [주어 + 동사]의 어순

· 의문문

　¿Has comido tú? 너는 식사를 했니? [동사 + 주어]의 어순

· 의문문이지만 주어를 생략한 경우

　¿Has comido? 너는 식사를 했니?

　*평서문과 같은 구조로 문장의 끝을 올려 읽기만 하면 됩니다.

· 의문사를 동반한 의문문

　¿Qué has comido? 너는 무엇을 먹었니?

　*의문사가 사용되지 않은 의문문에서는 다음 세 가지의 어순이 모두 가능하며 의미는 모두 '너희 어머니는 잘 계시니?'입니다.

　① ¿Tu mamá está bien? [주어 + 동사 + 보어]

　② ¿Está bien tu mamá? [동사 + 보어 + 주어]

　③ ¿Está tu mamá bien? [동사 + 주어 + 보어]

· 부가 의문문

　Hace calor, ¿no? 날씨가 덥다, 안 그래?

　Hace calor, ¿eh? 날씨가 덥다, 응?

　Hace calor, ¿verdad? 날씨가 덥다, 그렇지?

¿Verdad que hace calor? 날씨가 덥지?

*말하는 사람이 본인의 생각을 전달하고 이를 의문문 형태로 묻는 구조이며, 의미는 모두 유사합니다.

- 전치사 + 의문사

¿Con quién...? 누구와 함께...?

¿De dónde...? 어디로부터...?

*전치사는 항상 의문사 앞에 옵니다.

❷ 의문사

1. QUÉ

- Qué: 무엇을, 무엇이

¿Qué comes? 너는 무엇을 먹니?

¿Qué vemos? 우리는 무엇을 보나요?

¿Qué hay aquí? 이곳에는 무엇이 있나요?

- Qué + 명사 : 어떤 ...을/를?

¿Qué comida comes? 너는 어떤 음식을 먹니?

¿Qué película vemos? 우리는 어떤 영화를 보나요?

¿Qué libros hay aquí? 어떤 책들이 이곳에 있나요?

¡OJO!

- 스페인어의 모든 의문사는 항상 강세를 표기합니다.
- 'Qué + 명사'의 Qué는 의문 형용사입니다. 이때 의문사의 형태 변화 없이 단수, 복수 명사 모두 Qué로 꾸며 줍니다.

- 전치사 + Qué: 전치사를 동반하는 동사의 경우

¿De qué hablas? 너는 무엇에 대해 말하니?

¿De qué tema hablas? 너는 어떤 주제에 대해 말하니?

¿Con qué pintas? 너는 무엇을 가지고 색칠하니?

¿Con qué color pintas? 너는 어떤 색깔을 가지고 색칠하니?

¿En qué piensas? 너는 무슨 생각하니?

¿Por qué lloras? 너는 왜 우니? [이유]

¿Para qué trabajas? 너는 무엇을 위해서 일하니? [목적]

🔍 시간 묻기

· ¿Qué hora es? 지금은 몇 시지?

　Son las tres. 지금은 세 시야.

· ¿A qué hora sales? 너는 몇 시에 나가니?

　Salgo a las tres. 나는 세 시에 나가.

2. Cuál, Cuáles

· 어느 것을? 어느 것이?

　Tengo dos libros. ¿Cuál quieres? 나는 두 권의 책이 있다. 너는 어느 것을 원하니?

　　　　　　　　　　　　　　　　　　[libro의 의미를 내포]

　¿Cuál de los dos libros quieres? 두 권의 책 중 어느 것을 원하니?

　¿Cuáles son las mejores manzanas? 최상의 사과는 어떤 것들인가?

· 단수/복수 사용 주의
· 의문사 Cuál은 의문 형용사의 역할을 하지 않기 때문에 [Cuál + 명사]는 쓸 수 없습니다.
· '무엇, 어떤 것'의 질문에서 이질의 것은 Qué를, 동질의 것은 Cuál을 사용해야 합니다.

3. Quién, Quiénes

· 누가? 누구들이?

　¿Quién toca? 누가 문을 두드리지?

　¿Quiénes son tus amigos? 너의 친구들은 누구(들)이니?

　¿A quién llamas? 너는 누구를 부르니?/너는 누구에게 전화를 거니? [목적어 역할]

　¿Con quién hablo? (전화상) 당신은 누구신가요?

　¿En quién piensas? 너는 누구를 생각하니?

4. Cuánto, Cuánta, Cuántos, Cuántas

· 얼만큼? 얼만큼의 ...가?

　¿Cuánto cuesta? ¿Cuánto es? ¿Cuánto vale?

　*'얼마입니까?'의 표현으로 costar, ser, valer 세 가지 동사를 모두 사용할 수 있습니다.

　¿Cuántos años tienes? 너는 몇 살이니?

　¿Cuántas manzanas quieres? 너는 몇 개의 사과를 원하니?

¿A cuántos amigos invitaste? 너는 몇 명의 친구들을 초대했니?

¿Con cuántos compañeros vives? 너는 몇 명의 하우스메이트와 살고 있니?

5. Dónde

· 어디에? 어디에서?

¿Dónde vives? 너는 어디에 살고 있니?

¿Dónde está el hospital? 그 병원은 어디에 있습니까?

¿Dónde hay una farmacia? 약국 하나가 어디에 있을까요?

¿De dónde eres? 너는 어디 출신이니?

¿A dónde vas? 너는 어디로 가니?

> ¡OJO!
>
> · En dónde/A dónde에서는 전치사를 생략하고 dónde만
> 사용할 수 있습니다.

6. Cuándo

· 언제?

¿Cuándo llegas? 너는 언제 도착하니?

¿Cuándo es su cumpleaños? 그의 생일은 언제인가요?

¿Desde cuándo estudias español? 너는 언제부터 스페인어를 공부하니?

¿Hasta cuándo estará de viaje? 그는 언제까지 여행 중일까요?

7. Cómo

· 어떻게?

¿Cómo estás? 너는 어떻게 지내니?

¿Cómo te llamas? 너의 이름은 뭐니?

¿Cómo vas a la escuela? 너는 어떻게 학교에 가니?

¿Cómo se dice 'libro' en coreano? 한국말로 'libro'를 어떻게 말하나요?

+ Mp3를 들으며 따라 읽어 보세요. 🎧

➡ ¿Qué es el amor? 사랑이란 무엇인가?

➡ ¿Para qué estudias español? 너는 어떤 목적으로 스페인어를 공부하니?

➡ ¿Cuáles te gustan más? 어떤 것들이 더 마음에 드니?

➡ ¿Cuándo y dónde quieres viajar? 너는 언제 어디로 여행을 하고 싶니?

➡ ¿Cómo quiere la carne? 당신은 스테이크를 어떻게 익히길 원하시나요?
  *고기의 익힘 정도 표현
  레어: muy poco hecha/미디움 레어: poco hecha/미디움: en su punto, término medio
  미디움 웰: bastante hecha, tres cuartos/웰던: muy hecha, bien cocido

■ QUIZ로 확인하기

1. 우리말 해석을 보고 빈칸에 알맞은 의문사를 채우세요.

① ¿_____ vas a hacer mañana? 넌 내일 뭘 할 거니?

② He comprado dos pizzas. ¿_____ quieres? 나는 피자를 두 판 샀어.
  넌 어느 것을 원하니?

③ ¿_____ día es hoy? 오늘은 며칠인가요?

2. 우리말 해석을 보고 빈칸에 알맞은 의문사를 채우세요.

① ¿_____ estudiantes vinieron? 몇 명의 학생들이 왔나요?

② ¿_____ son los tuyos? 어떤 것들이 네 것이니?

③ ¿_____ van a la fiesta? 누가 그 파티에 가나요?

3. 전치사와 의문사를 사용해 아래의 해석과 일치하도록 빈칸을 채우세요.

¿_____ vas a la fiesta?

¿_____ vas a volver?

¿_____ vas a volver?

파티에 누구와 같이 가니?

몇 시에 돌아올 거니?

어떻게 돌아올 거니?

1. ① Qué ② Cuál ③ Qué
2. ① Cuántos ② Cuáles ③ Quiénes
3. Con quién, A qué hora, Cómo

📖 오늘의 핵심

의문사

qué	무엇, 어떤	cuál / cuáles	어느 것
quién / quiénes	누가	cuánto / cuánta cuántos / cuántas	얼만큼
dónde	어디에	cómo	어떻게
cuándo	언제		

- ¿A quién...? 누구를/누구에게 ¿Con quién...? 누구와 함께
- ¿Para qué...? 무엇을 위해 ¿Por qué...? 무엇 때문에
- ¿Desde cuándo...? 언제부터 ¿Hasta cuándo...? 언제까지

+ Mp3를 들으며 오늘의 문장을 큰 소리로 따라 읽어 보세요. 🎧

우리 언제 어디에서 만날까?

¿Cuándo y dónde nos vemos?

VOCABULARIO

tocar 만지다, 치다, 연주하다, 두드리다	compañero ⓜⓕ 동료, 짝, 파트너	estar de viaje 여행 중이다
carne ⓕ 살, 고기	hecho ⓜ 사실, 사건 / 성숙한, 완성한	punto ⓜ 점, 바늘땀, 점수, 장소, 지점, 상태
término ⓜ 끝, 결말, 마감, 한계, 단어	tres cuarto 4분의 3	cocido 삶은, 찐, 요리한

20 명령법

아무 걱정 마!

명령법

1. 규칙 변형

(1) 긍정 명령

명령 대상	-ar	-er, -ir
tú	-a	-e
vosotros	-ad	-ed, -id
nosotros	-emos	-amos
usted	-e	-a
ustedes	-en	-an

긍정 명령 훈련

명령 대상	hablar 말하다	comer 먹다
tú	habla	come
vosotros	hablad	comed
nosotros	hablemos	comamos
usted	hable	coma
ustedes	hablen	coman

¡OJO!

- 명령형의 대상은 yo를 제외하고 모두 가능합니다.
- tú 명령형은 직설법 현재 시제 3인칭 단수형과 동일합니다.
- vosotros 긍정 명령형은 항상 −ad, −ed, −id의 형태로, 불규칙 변형이 없습니다.
- nosotros, usted, ustedes 명령형은 접속법 현재 변형과 동일합니다.

(2) 부정 명령

명령 대상	-ar	-er, -ir
tú	no -es	no -as
vosotros	no -éis	no -áis
nosotros	no -emos	no -amos
usted	no -e	no -a
ustedes	no -en	no -an

¡OJO!

- 부정 명령형은 접속법 현재 변형과 동일합니다.
- nosotros, usted, ustedes는 긍정 명령과 같은 형태에 no만 앞에 사용하면 됩니다.

부정 명령 훈련

명령 대상	hablar 말하다	comer 먹다
tú	no hables	no comas
vosotros	no habléis	no comáis
nosotros	no hablemos	no comamos
usted	no hable	no coma
ustedes	no hablen	no coman

2. 불규칙 변형

(1) 이중 모음 어간 불규칙

	e ▶ ie	o ▶ ue
어간 불규칙 변형	pensar ▶ piens	volver ▶ vuelv
tú 긍정	piensa	vuelve
tú 부정	no pienses	no vuelvas
nosotros	pensemos	volvamos
vosotros	pensad	volved
usted	piense	vuelva
ustedes	piensen	vuelvan

¡OJO!

· nosotros와 vosotros에는 이중 모음 어간 불규칙 변형이
  적용되지 않습니다.

(2) –go 어간 불규칙

어간 불규칙 변형	-go 불규칙 동사		
	salir ▶ salg	tener ▶ teng	hacer ▶ hag
tú 긍정	sal	ten	haz
tú 부정	no salgas	no tengas	no hagas
nosotros	salgamos	tengamos	hagamos
vosotros	salid	tened	haced
usted	salga	tenga	haga
ustedes	salgan	tengan	hagan

¡OJO!

- –er, –ir 동사 중 현재 시제 1인칭 단수에서 –go 변형을 하는 동사들의 경우입니다.
- tú 긍정 명령은 단음 불규칙 변형을 합니다.
- vosotros의 긍정 명령형을 제외하고 나머지 인칭에서는 어간 –g를 유지합니다.
- 동사 hacer의 tú 긍정 명령형 haz는 예외적 경우입니다.

(3) ir와 ser 불규칙

	ir 가다	ser 이다
tú 긍정	ve	sé
tú 부정	no vayas	no seas
nosotros	vayamos	seamos
vosotros	id	sed
usted	vaya	sea
ustedes	vayan	sean

· 동사 ir와 ser는 변형의 불규칙성이 크므로 usted 명령형인
  vaya와 sea를 암기하세요.

(4) tú 긍정 명령형 단음 불규칙

poner 놓다	pon	salir 나가다	sal
hacer 하다, 만들다	haz	decir 말하다	di
tener 가지다	ten	ir 가다	ve
venir 오다	ven	ser 이다	sé

3. 명령형과 대명사의 조합

(1) 목적격 대명사

명령 대상	comprar un libro 책을 사다	comprar un libro a mí 나에게 책을 사다
tú	cómpralo 그것을 사라	cómpramelo 나에게 그것을 사라
usted	cómprelo 그것을 사세요	cómpremelo 저에게 그것을 사세요
tú	no lo compres 그것을 사지 마라	no me lo compres 나에게 그것을 사지 마라
usted	no lo compre 그것을 사지 마세요	no me lo compre 저에게 그것을 사지 마세요

(2) 재귀 대명사

명령 대상	levantarse 일어나다	ponerse el gorro 모자를 쓰다
tú	levántate 일어나	póntelo 그것을 써라
usted	levántese 일어나세요	póngaselo 그것을 쓰세요
tú	no te levantes 일어나지 마	no te lo pongas 그것을 쓰지 마
usted	no se levante 일어나지 마세요	no se lo ponga 그것을 쓰지 마세요

4. 명령형의 다양한 구문

(1) [명령 y 미래] : ~해라, 그러면 ...할 것이다

Estudia y aprenderás. 공부를 해라, 그러면 배우게 될 것이다.

Ahorra y serás rico. 저축해라, 그러면 부자가 될 것이다.

(2) [명령 o 미래] : ~해라, 그렇지 않으면 ...할 것이다

Estudia o suspenderás. 공부를 해라, 그렇지 않으면 낙제할 것이다.

Ahorra o no tendrás nada. 저축해라, 그렇지 않으면 아무것도 가지지 못할 것이다.

(3) [명령, que ...] : ~해라, ...이니까

Ayúdame, que estoy muy cansada. 나를 도와줘. 나는 너무 피곤하거든.

5. 일상 생활 속 명령형

¡Anda! 어머! 야! 굉장하다! 어서! 빨리!

¡Dale! 멋대로 해라!

¡Venga! 그래! 힘내! 빨리! 서둘러!

¡Vaya! 아하! 어머! 저런!

¡No exageres! 과장하지 마!

¡No me digas! 설마!

¡Siéntate! 앉아!

¡Levántate! 일어나!

¡Cállate! 조용히 해!

¡Quédate aquí! 이곳에 있어!

¡Cuídate! 몸 건강해!

¡Vete! 가 버려!

¡Anímate! 기운내! 힘내!

*명사 Ánimo를 사용해도 됩니다.

¡No te preocupes! 걱정 마!

¡No se preocupe! 걱정 마세요!

¡No te vayas! 가지 마!

상황별 예문

+ Mp3를 들으며 따라 읽어 보세요. 🎧

¡Toma! ¡Aquí está! 가져! 여기 있다!

¡Anda! ¡Pasa y pruébatelo! 어서 들어와서 그것을 입어 봐!

¡Arriba las manos! ¡No te muevas! 손 들어! 움직이지 마!

¡Chicos! ¡Mucho ánimo! ¡No os canséis! 얘들아! 파이팅! 지치지 마!

¡Venga! ¡Cállate la boca! 자! 입을 다물어라!

1. 괄호의 동사를 긍정 명령형으로 변형하세요.

① ¡_____ antes de las dos! [volver / tú]

② ¡Hace sol! ¡_____ de casa! [salir / nosotros]

③ ¡Gracias por venir! ¡_____ asiento! [tomar / usted]

2. 괄호의 재귀 동사를 부정 명령형으로 변형하세요.

① Por favor, no _____ aquí. [fumar / usted]

② ¡No _____ tonterías! [decir / tú]

③ ¡No _____ al parque! [ir / ustedes]

3. 괄호의 재귀 동사를 긍정 명령형과 부정 명령형으로 변형하세요.

① ¡_____! [ponerse + lo / tú]

② ¡_____! [sentarse / usted]

③ ¡No _____! [levantarse / vosotros]

1. ① Vuelve ② Salgamos ③ Tome
2. ① fume ② digas ③ vayan
3. ① Póntelo ② Siéntese ③ os levantéis

✚ 아래 표로 긍정 명령과 부정 명령의 동사 변형을 연습해 보세요!

긍정 명령형

	trabajar 일하다	aprender 배우다	vender 팔다	escribir 쓰다
tú				
vosotros				
nosotros				
usted				
ustedes				

부정 명령형

	trabajar 일하다	aprender 배우다	vender 팔다	escribir 쓰다
tú no				
vosotros no				
nosotros no				
usted no				
ustedes no				

📘 오늘의 핵심

명령법

긍정형	-ar: -a, -ad, -emos, -e, -en
	-er, -ir: -e, -ed/-id, -amos, -a, -an
부정형	-ar: no -es, no -éis, no -emos, no -e, no -en
	-er, -ir: no -as, no -áis, no -amos, no -a, no -an

· 불규칙 명령형: piensa, vuelve, sal, ven, di, ve, sé...

· 재귀 명령형: levántate, siéntate, vete, no te vayas...

· 명령 구문

　1) [명령 y 미래] : ~해라, 그러면 ...할 것이다

　2) [명령 o 미래] : ~해라, 그렇지 않으면 ...할 것이다

　3) [명령, que...] : ~해라, ...이니까

📘 오늘의 문장

+ Mp3를 들으며 오늘의 문장을 큰 소리로 따라 읽어 보세요. 🎧

아무 걱정 마!

¡No te preocupes por nada!

VOCABULARIO

ahorrar 저축하다, 절약하다

sentarse 자리에 앉다

quedarse 머무르다, 남다

animarse 기운을 내다

cansarse 지치다, 피곤하다

suspender 매달다, 중단하다, 낙제하다

levantarse 일어나다

cuidarse 스스로 보살피다

preocuparse 걱정하다

callarse 침묵하다, 말을 하지 않다

exagerar 과대하다, 과장하다, 도를 넘다

callarse 조용히 하다

irse 가다, 가 버리다

probarse 입어 보다, 착용해 보다

MEMO

MEMO